封扉题签：姚奠中

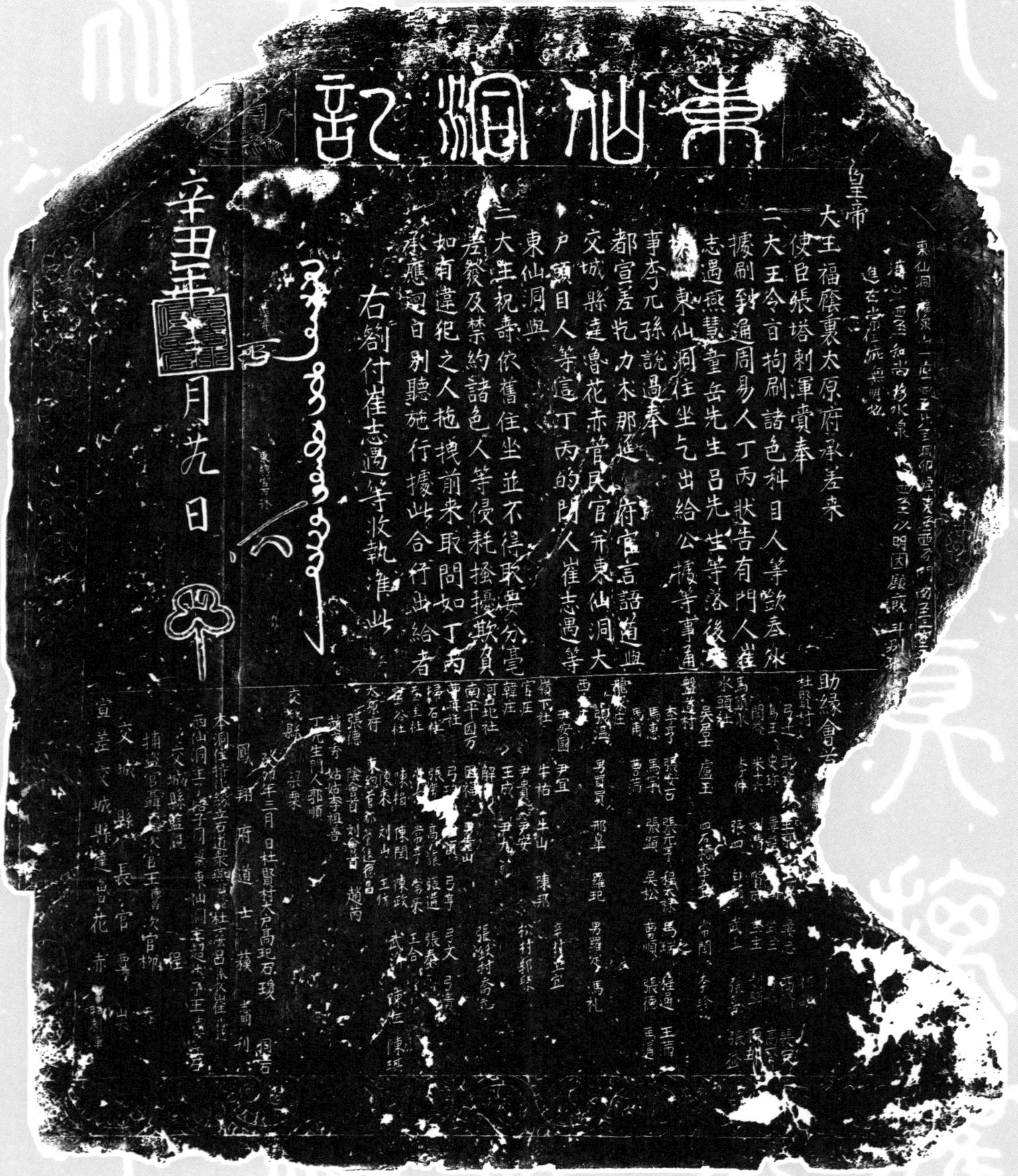

国家十二五规划项目

三晋石刻大全

太原市古交市卷

总　主　编　刘泽民

执行总主编　李玉明

主编　李文清

山西出版传媒集团

三晋出版社

(627)。1912 年至 1949 年 10 月 1 日中华人民共和国成立前，一律用民国纪年，括号内注明公元纪年。如中华民国 16 年(1927)，也可写成“民国 16 年(1927)”。民国纪年用阿拉伯数字，不用汉字。

十二、表示体积、面积等尺寸的，用厘米。如长(或高)120、宽 60、高 80 厘米，长、宽均不加“厘米”二字，用顿号间隔。又如高 120、宽 60 厘米，高也不加“厘米”。

十三、收录的石刻文字原为繁体字的，仍用繁体字；原为简化字的，仍用简化字，以便保存史料的真实性。其余均使用规范汉字。

十四、每卷收录的石刻文字，只作标点，不作校勘，原文中的错别字、异体字、通假字等，保持原貌，一般不作甄别。

十五、石刻文字漫漶、剥泐不清的，用一字一“□”表示。漫漶、剥泐字数不清的，用“……”或括注“下阙”。

十六、索引按类编排，使本书既可按历史顺序检索，又可按类检索，互为补充，相得益彰。

总 序

李玉明

石刻,指镌刻有文字的历代碑、碣、造像碑、经幢、石幢(内容非经文者)、摩崖题记、墓志铭、画像石等,是历史文化的重要载体。

石刻,有狭义和广义的两种理解。狭义的理解,专指"碑";广义的理解,包括碑、墓志、造像等各类刻石。

所谓"碑",汉以前就有了,但那时的碑不是为了刻字,而是立于宗庙、学校,用以观日影、记时刻、测方向的。古代礼仪规定,主人迎宾进宗庙之门要当碑而揖。祭祀时亦常常把祭祀用的牛羊等牺牲先拴于碑上。碑在古代还有另一种用途,是立于墓前用于棺木下葬,称为"窆石"。下棺时用以固定辘轳,所以早期的墓碑中上部有穿,称之为"碑穿",用以系绳下棺;在宗庙之碑则为系牺牲的牛羊所用。因此,最初碑的用途并非为了刻字,而是实用。

现代意义上的"碑",兴起于西汉而盛于东汉。原来在西汉以前,即商周时期歌功颂德的文字铸刻在钟鼎彝器上,西汉开始以石代金,用碑记载功德和事件了。这即是金石铭文的由来。

从西汉"碑"开始镌刻文字以来,历朝历代的碑刻大体相似,均由碑首、碑身、碑座三部分组成。但各类碑之间又呈现繁多的样式。碑头有圭首、圆首、平首、梯首、冠形首、螭首等。碑身以长方形为多,另有倒瓶形,六棱、八棱形,正方柱形,扁方形等。碑座有龟趺形,形状庄重,采用得最多。古人以龟为长久,常常以龟(实际称赑屃)背碑。碑的内容有功德碑,记载文臣武将的文治武功;庙碑,种类繁多,记述庙的修建历史;墓碑,记载死者籍贯、世系、事迹及卒葬时间等。还有记事碑、纪念碑、文告碑、诗文碑等。

从现代广义上讲,凡是镌刻有文字的石刻都可以称为碑刻,而在先秦时除"碑"以外,其他都不称碑,而称"刻石"。迄今我国发现最早的刻石是商代的《小臣系毁》和一些石磬刻字。以后有秦石鼓文,秦始皇峄山、泰山、琅琊台刻石等。汉以后这些刻石逐渐统称碑石了。佛教传入中国和中国道教兴起后,又出现了宗教刻石及造像。山西是我国中原地区宗教刻石最早产生和发展的省份之一,云冈石窟、天龙山石窟,以及现在散存在全省各地大量的经幢、石幢、造像碑等刻石,见证了这一历史发展的轨迹。另外,作为墓碑衍化物的墓志,起源于汉代,形制为长方形。而标准方形的墓志则兴起于魏晋南北朝,大盛于唐,是碑刻的重要组成部分。比如山西现存的北魏司马金龙墓志,封和宠、辛祥墓志;北齐裴良、厍狄回洛、娄叡墓志;东魏刘懿墓志等。

石刻最大的特点,是能长久地保存下去,故称为刻在石头上的历史,简称"石史"。它最大的功用,是可以证史、补史和纠正官修书面历史记载的舛误,在弘扬民族文化,借鉴历史经验,在为社会主义政治、物质、社会和精神文明建设服务等方面,都有十分重要的意义,历来受到地方当局、有关社会组织和个人爱好者重视。例如,我国现存最早最大的殿堂式建筑五台山佛光寺东大殿,1937年梁思成先生调查发现后,轰动了国内外学术界。殿前镌刻于唐大中十一年(857)的经幢,解决了该殿学术上的两大问题。一是根据经幢的记载,该殿始建于唐德宗大中十一年(857),不仅使该殿是唐代建筑得到了有力的佐证,而且使这座国宝级文物建筑有了准确的纪年,其学术价值大大被提升。二是从这幢经幢的记载中得知,佛光寺东大殿的施主(即捐资人)是长安宫官人家出身的女弟子"宁公遇"。由于施主的身份高,其建筑的级别也相应被提高。又例如,山西现存一万八千多处古建筑,其每处建筑的历史沿革,要么文献记载简单,多数只一句话;要么查不到任何记载。而这些建筑前前后后的历史发展变化情况,主要靠现存碑刻的记载来解决,因而各座古建筑附属的碑刻就成了该古建筑历史沿革有力的证据。再例如,山西历史上的灾荒不断,元大德七年(1303)平阳、太原地区曾发生过山西历史上最大的一次地震;清光绪三年(1877)曾发生过山西历史上最大的一次旱灾,连续三年颗粒无收,死亡百姓不计其数,并出现了人吃人的现象。这些灾荒,由于历史的原因(如信息不畅),或是地方官员为保乌纱帽,有意隐瞒,因而文献记载零碎简单,甚至缺失无记载。而民间百姓在灾荒过后却镌刻了不少碑刻,使后人永志不忘。这些灾荒碑虽有不少毁于战火,或被人为破坏,但各地保存至今的仍有不少,已成为研究山西历史地震、水旱等自然灾害的宝贵资料。除灾荒碑外,存世的还有不少古代科技方面的碑石,是研究当地农林水利、医药等发展的重要实证。三晋石刻是我省丰富多彩的一个重要人文资源。因此,编辑出版《三晋石刻大全》,不仅具有深远的历史意义,而且有可资借鉴的现实意义,是功在千秋、荫及子孙的一件好事、善事。

自宋代兴起金石学以来,访求石刻是历代众多史学家、方志学家们的终生爱好和追求。山西自明成化十年(1474)创始《山西通志》时,就收录了"金石"资料,现在能够作为代表的是清光绪年间山西巡抚胡聘之主编的《山右石刻丛编》。这套《丛编》于光绪二十五年(1899)出版,共40卷,收录北魏至元代计14个王朝840余年的各类石刻720通(件)。还有在此之前于光绪十八年(1892)官修的《山西通志·金石记》(单行本称《山右金石记》),杨笃(秋湄)主编,收录汉以来碑刻1550余通。《山西通志·金石记》与《山右石刻丛编》比较,前者"有则录之,存亡不计",后者"存者收录,亡者不述"。

山西历史上石刻最多时究竟有多少,谁也说不准。新中国成立后,经过文物部门的多次调查和普查,山西现存各类碑碣大约两万。清代著名金石学家叶昌炽在《语石》中说:"大抵晋碑皆萃于蒲、绛、泽、潞四属。"四属原都称州,大体上是现在的运城、临汾、晋城、长治四市,即山西南部地区。《山右石刻丛编》收录的720通碑刻,属于上述四州的有496通,占全省的68.9%;《山西通志·金石记》收录的1550余通碑刻,属于上述四州的有993通,占全省的64%;现存的两万余通石刻中,上述四市占了全省的一半以上,叶氏的论断基本是正确的。但除上述四州(四市)外,其他地区也有不少碑刻存世,其中不乏精品,同样应予重视。

新中国成立以来,山西省文物考古部门和有关部门、团体,以及个人爱好者在石刻的调查、保护、拓印、研究、出版等方面做了大量工作,取得了一定成果。但这些成果比较零星分散,缺乏全面性、系统性;也没有一个专门访求石刻的机构,使这项事业的发展受到一定制约。其次,历史资料少而缺失,已出版问世的石刻著作,存量极少,不仅难求,而且收录不全。比如,《山右石刻丛编》和《山西通志·金石记》均只收录到元代,且遗漏不少,大量明清时期的碑刻未被采撷,造成历史的遗憾;宋代赵明诚的《金石录》只收录山西唐以前碑石45通;清代王昶的《金石萃编》,只收录山西元以前碑石近30通。所有这些,都需要我们在前人研究成果的基础上,做大量的拾遗补缺工作。第三,建国以来又新发现了大量的石刻,特别是新发现和出土了一批重要的墓志铭、摩崖题记、造像碑等,大大丰富了山西石刻的研究资料。比如北朝至隋唐一批重要墓志的出土、黄河沿岸等处汉以来漕运摩崖题记和一批早期造像碑的发现,以及其他一大批新发现石刻的著录登记等,都是重要的石刻资料,这些都需要有人去进一步访求和研究。第四,石刻文物具有不能再生性的特点,毁一件即少一件。比如北周武帝二次灭佛,山西的汉碑及三国两晋碑除郭泰碑外,全部被毁。郭泰碑后来也流失不存,造成了"山右无汉碑"的历史遗憾。当前仍存在盗窃和建设工程中人为破坏石刻文物的严重现象,自然损毁也日益加剧,古老石刻随时都有流失和被毁的危险。因此,抢救保护石刻,将其全部著录在册,世代流传下去,是当务之急,是带有抢救和存史双重重要性质的宏大工程。

为了全面系统地开展三晋石刻的访求和研究工作,三晋文化研究会成立以来,即借鉴历史经验,适应形势的需要,挑起了保护研究石刻传统文化这个重任。从1990年开始,即着手分市编辑出版《三晋石刻总目》,到2006年底,已有9个市《总目》正式出版,共收录存碑11878通,佚碑4168通,合计16046通。

在基本完成《三晋石刻总目》编辑出版的基础上,从2007年正式开始编辑《三晋石刻大全》。《大全》以《总目》为基础,将新中国成立前后不论存佚,有文则存,全文抄录,并断句。同时,每篇加"简介",附照片或拓片。基本上每县(市、区)1卷,山西博物院和五台山、晋商会馆各1卷,再加记事总目录1卷,全省预计125卷。

分步编辑出版的山西石刻研究成果,其资料价值、历史价值、学术价值和使用价值都将远远超过以往出版的石刻著作,将成为山西有史以来的首创之作,流芳后世,意义深远!

是为序。

序　一

太原市人民政府副市长　张　政

2008年4月，太原市人民政府办公厅根据山西省人民政府办公厅关于做好《三晋石刻大全》通知的精神，下发了《关于编纂〈三晋石刻大全·太原卷〉的通知》，并成立了领导组和办公室，开展工作。太原市所辖十县（市）区非常重视，责成有关部门组织专人展开工作，筹措经费，进行调查搜集、拓片整理，最后编辑成册。送省、市三晋文化研究会审阅后，由三晋出版社出版发行。

石刻在我国有着悠久的历史，在汉代石碑即已产生。历代延续不断，大凡衙署庙宇、路桥坟茔，无不留有石碑，山川名胜多有文人骚客留题之摩崖石刻，或记其始末，或状其形胜，或褒扬人物，或抒发情愫，对地域历史文化的研究是一份珍贵的遗产。太原作为山西政治、经济、文化的中心，历代石刻数量之多难以统计。但遗憾的是，经历代战火所焚，自然灾害所毁，人为盗卖移作他用所失，所存于今者十不足一二。今太原境内汉代石刻无一幸存，北朝至唐宋石刻存世者凤毛麟角，所存者多为明清石刻，也因各种原因日趋减少。因此，编纂《三晋石刻大全》无疑是一次抢救性的文化建设工程，可谓功德无量。

编纂、研究石刻在我国自古有之，至迟在宋代已有专著。宋代以降，专著日丰，或集录碑目，或评介考证石刻，或征录碑文。时至今日，虽原石刻不存，而碑目、碑文得以传世，为后世留下了丰富的文化遗产。然而，历代所纂多为学者个人撰述。今日以政府行为，举全省之力编纂一部《三晋石刻大全》，尚为首创。只有在改革开放取得巨大成就，经济繁荣、文化昌盛、社会安定的今天，才有如此规模空前的文化建设工程。通过这部《三晋石刻大全》，将会为我省的历史文化研究提供丰富翔实的资料，对区域文化建设提供历史的借鉴。

一部巨著的产生，须付出巨大的努力。尤其这部《三晋石刻大全》的编纂，是一项专业性很强的工作。从调查搜集实物、编排目录、录入碑文，到拓片、考证、点校碑文，撰写说明文字，最后编写成册付印，各工作环节均由专业人员去完成，需要艰苦细致的工作。太原市市县（市）区两级文化、文物工作者历经数年，各县（市）区分册即将陆续完稿付印。值此付梓之际，谨撰此序，以表祝贺。

序　二

原古交市委副书记、市长　李文清

石刻作为历史文化遗存，是一个地区政治、经济、文化、风土人情以及社会生活诸多方面内容的一种载体，具有鲜明的时代特点和地方特色，具有重要的保护和收藏价值，是一种不可再生的文化资源。

古交有着悠久的历史，具有丰富的历史文化。旧石器时代遗址、古寺庙、古墓葬等文化遗存和不同历史时期的石刻，都是展示古交历史文化的宝贵遗产。其中石刻在古交更为广泛，且历史久远、形式多样。古交市文物管理所的同志在人员少、时间紧的情况下，深入基层对其进行调查摸底、收集整理，并经过拓片和对碑文整理，最后编印成册，这对进一步挖掘和保护古交历史文化资源大有裨益，是古交文化建设中的一项重要成果。对古交市文物管理所同志们这种主动挖掘和保护文化遗产的工作精神，应给予充分肯定并表示衷心感谢。

《三晋石刻大全·太原市古交市卷》一书收集了上至北宋时期，下至现代的庙碑、界碑、契碑、塔志、墓志铭等不同形式的石刻，资料详实，内涵丰富，具有很高的收藏价值，而且对宣传古交历史文化和进一步了解古交、认识古交具有十分重要的意义。相信《三晋石刻大全·太原市古交市卷》一书，一定能够成为宣传古交的有益载体。

借此机会，希望古交市文物管理所的同志们能够一如既往地投身于古交历史文化的挖掘和保护工作当中，同时也希望更多的同志能够关心和支持古交历史文化事业的发展。

概　述

古交市位于太原市西北50公里,地处北纬37°40′6″至38°8′9″,东经111°43′8″至112°21′5″之间,东西宽50千米,南北长53千米,总面积1551平方米,1958年设立古交工矿区,1988年撤区建市,辖邢家社乡、原相乡、常安乡、岔口乡、梭峪乡、阁上乡、河口镇、镇城底镇、马兰镇、加乐泉乡10个乡镇,东曲街道、屯兰街道、西曲街道、桃园街道4个办事处,146个行政区村,363个自然村,总人口23万。

古交地形复杂,峰峦叠嶂,沟壑纵横,平均海拔1604米,2000米以上的山峰有200余座,千米以上山峰达到70余座,丘陵山地面积超过总面积的95%,河谷平川面积不足5%,汾河由西向东横贯古交市,市内较大河流有屯兰河、原平河和大川河。古交属北温带大陆性气候,日照充足,昼夜温差较大,全年日照数2808小时,年平均气温9.5摄氏度,年均降水量460毫米,无霜期平均为202天。

古交矿产资源丰富,煤田面积754平方公里。地质储量96亿吨,可开采储量50亿吨,其中70%以上为优质焦煤,是国家"六五"、"七五"、"八五"计划重点开发的能源重化工基地,是中西部地区最具竞争力的百强县(市)之一。

古交历史悠久,具有深厚的文化底蕴,考古表明早在旧石器中期就有人类在此繁衍生息,是太原市人类早期活动的重要场合,创造了旧石器时代的灿烂文化,到了新石器时代仰韶、龙山时期,先民棚居穴处,耕稼作陶,在古交境内都有大量遗存,到目前古交的旧、新石器遗址达到近50处之多。

上古时代,古交为冀州之城,远在隋开皇十三年(593)晋阳西境置交城县,县置在古交镇。唐天授二年(691),交城县治徙却波村(今交城县城),以就驿道。先天二年(713),析交城县,北境于古交境域置卢川县,县治在今炉峪口,开元二年(714)撤卢川县复并交城县。直到民国初年的1200多年中,古交境内无县级建置。

民国26年(1937)11月,日军先后侵占了太原和交城县城。随着抗日战争形势的发展和中国共产党领导的晋绥边区(晋绥革命根据地)的开创,古交境内的建置发生了重大的变化。

民国26年(1937)11月至翌年3月,八路军一二〇师三五八旅挺进古交,发动群众组建了半政权性质的阳(曲)交(城)边区民族革命战争战地总动员委员会,初创了革命根据地。

民国27年(1938)3月至翌年,山西省第八行政督察员公署在河口镇成立,后移驻狮子河一带。同时,山西省阳曲县政府驻河口一带,交城县政府驻屯兰川一带。

从民国29(1940)至34年(1945)8月抗日战争胜利,晋绥边区第八分区专员公署(原山西省第二游击区第八分区专员公署,1941年8月改称为晋西北第八分区专员公署,1943年11月称上名)先是游动,后长驻在屯兰川关头村一带。交城县抗日民主政府驻屯兰川、原平川一带,阳曲县抗日民主政府驻狮子河一带。

古交是革命老区,抗日战争期间是晋绥边区第八分区所在地,期间刘伯承、贺龙、彭德怀等老一辈无产阶级革命家都曾到此指导抗日战争，也是红军东征的必经之路。由于历史的原因，许多革命遗址未能得到很好的保存。

目前，古交已登记入册的石刻共有218通，保存较为完整的有95通。按年代分：宋1通，元1通，明9通，清69通，中华民国5通，新中国6通，纪年不详4通。按内容分有：记事碑74通，名人题记1通，墓志铭碑20通。按单位分，现有碑共分布在全市37个村镇的寺庙、墓地和其他公共场所。

古交收集的石刻资料，是古交历史文化的重要组成部分，是珍贵的文化遗产，必将对古交的两个文明建设和历史研究发挥积极的推动作用。

目　录

上编　现存石刻

●宋·元

●明

●清

●中华民国

●中华人民共和国

●纪年不详

下编　佚失石刻

附　录

上编 现存石刻

宋·元

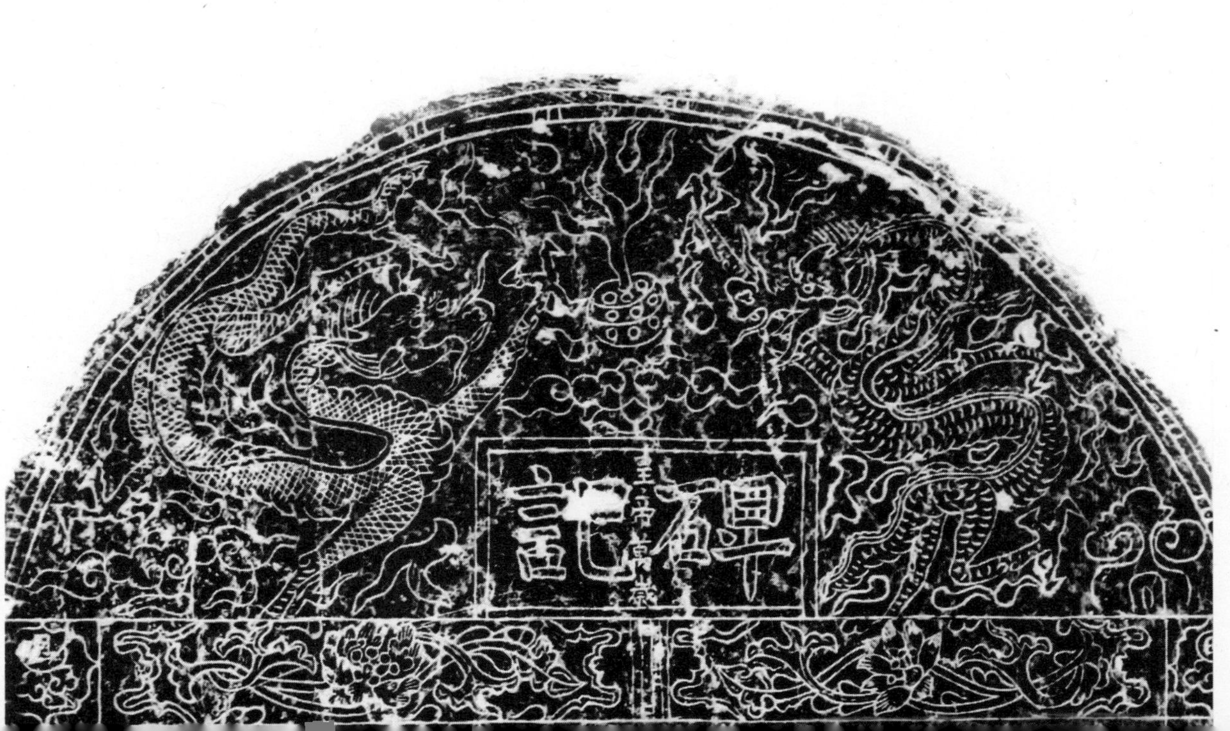

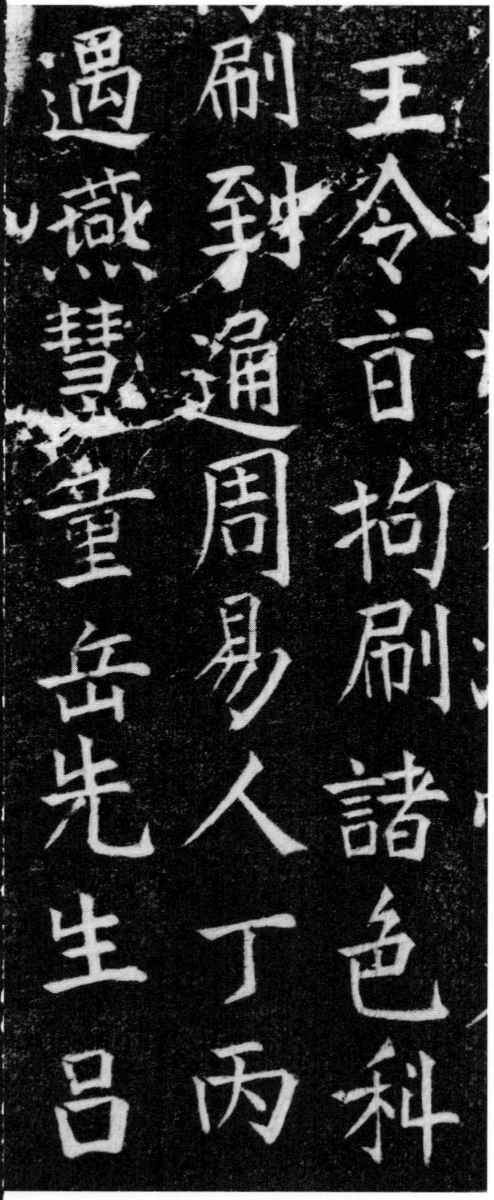
王令首拘刷諸色科
刷對遍周易人丁丙
遇燕慧童岳先生呂

兴济寺碑铭并序

【简介】

宋天圣四年（1026）勒石。兴济寺原建于交城县马兰村（今属古交市）。据碑文，该寺建自北齐天统四年（568）四月八日，规模不详。现仅存宋天圣四年（1026）碑刻一通，高231、宽82、厚26厘米，保存较完整。螭首龟座，正中为佛像一尊，碑首两侧雕有四龙盘绞纹。碑文字迹清晰，碑阴为功德名录。郑士宗撰文，宇修隆、王延臻、宇照应镌字。

【碑文】

交城監竜山鄉馬蘭村興濟寺碑銘并序

進士鄭士宗撰　鐫字處士宇修隆　王延臻　宇照應

粤以洪爐孕象，諒動静之有常；大塊甄形，信陶鈞之不息，在乎象帝之先也。矧復二儀之内，非四氣罔以滋彰萬物；六合之中，非三教罔以顯化群氓。且夫金釋之教也，焕垂空寂，秘演真常，明誠具載于三車，奥旨盡宣于七喻。茫茫巨海，慈航濟有相之因；擾擾紅塵，惠釰断無生之苦。而遵教典，備扶詣成，適欽童子之歡，乃獲聚沙之果。苟或真元之教也，功成不宰，事遂無爲。高□牝牡之猷，是謂乾坤之本。戒貪欲而知足不辱，息智巧而居寵思危。導濟濟以何哉？序緜緜而不已。守死善道，衆懷了了之能；絶學無憂，獨挹悶悶之耻。况乎先儒之道也，經綸天地，考致山河。設禮樂于庠序之端，俾揖讓于公私之際；件沐德以成規，代澡身而作範。崇分典籍，光榮率土之濱；克報利名，華飾溥天之下。蓋自我之哲后也，持淳出震，藴睿乘乾，體太一以臨民，則生三而御極。展孝理于胖舸，敷文德于夜郎。雕題罷戰，滅戍火于胡垣；款塞休兵，息狼煙於戎壘。民謌擊壤，道啓升平。自主聖以臣賢，至咸歡而綺靡。此山邑者，古云馬蘭之交。昔封隍戍，屢止朝軒。東西之基址仍留，南北之□□莫辯。今則桑麻茂盛，户口安居，承天道以隆休，沐郡侯之異政。唯斯奈苑也，建自大齊天統五年四月八日。元屋馴虎，繼隱呪竜，亟興廢以尤多，慮存亡勿測。銘文孤立，刊石遺参乘摽杖節之人，獻可曆登壇之客，名曰興濟之寺。峨峨勝槩，出衆墅以爰殊，鬱鬱芳林，壓群山而有異。自古迄今，孰明宗旨？房廊累壞于塵埃，殿宇數隳于瓦礫。雲僧野客，至以傷然，道叟朝流，届而歎矣。遂有當居耆俗，道教樂善，德邁好竒，圖消過去之尤，待敵未來之釁。迎援恭詣，□□精誠。參詳爲受授之因，誘掖鳶親親之義。近于信越，遠化檀那。同增有慶之緣，共益無爲之懇。至大宋大中二年四月十三日，薦從龜筮，再拯垣墉。建鳶而後枕川湄，修崇而前開山麓。命工倕于遠地，擢梁棟於遥峯。紅樓森聳，不並于常。飛甍插寥廓之雲，危楯礙翔空之鳥。桷榱羽展，鳴寶鐸以摇風；鴟獸鱗舒，戴長煙而拂迴。門窻赫奕，彩繪鮮明。欒櫨分麗日之光，瓴敵燦洞天之色。度乎所造，緡物近費數千之繩。共力而爲，俱無懈殆。先有遊人張德宣，爲居冬闌，住累經季，見彼增修，遂以悛心誓願，立此碑銘。其斯人也，後行積善，披剃爲僧，久曆遐方，無因侑志，伏冀合邑義都維那張美等，代厥報焉。故刊嘉砥，座銘于右，謹爲是記。銘曰：

偉哉梵刹，自古迄今。會昌所癈，蹤跡難尋。唯留石象，鳥污苔□。蒙兹貴邑，共議傾心。修新勝古，過客遐欽。樓殿盤鬱，龕象幽深。旁窺狼嶠，上覩鶴林。景華晋甸，源灌汾陰。孝文山接，狐突廟臨。阿蘇西屬，故交東至。亟有名僧，居斯聖地。悚訝當殊，驚疑俗異。泉石雲生，松篁霧翳。虎嘯竜吟，前花後卉。綺羅競賞，車軒驟詣。載歷歲時，刊銘故記。

將仕郎守交城縣尉魯士良

承務郎試秘書省校書郎行交城縣主薄張佑賢

登仕郎守交城縣令李備

將仕郎守司户參軍李元德

宣德郎試大理平事□監判官李可則

左侍禁兵馬監押在城巡檢兼監高稅　毋繼忠

都孔目官武言

勾押官閻質

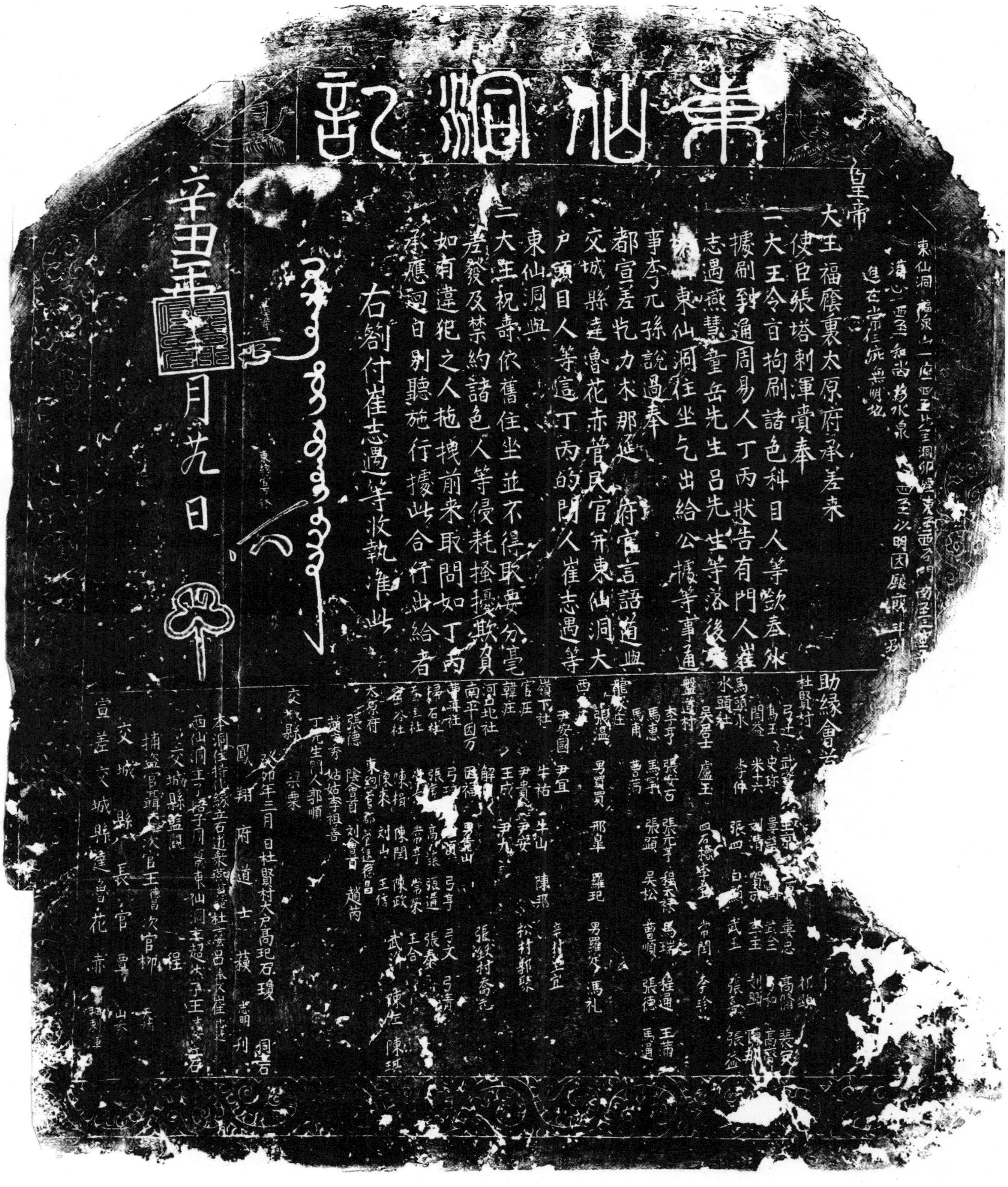

东仙洞记

【简介】

元代勒石。今存古交市阁上乡东仙洞。碑通高110、宽约90厘米。抹角方首,额篆书“东仙洞记”4字。碑分上下二截,上截为碑文,末署“辛丑年十二月廿九日”。元代有辛丑年二,一为成宗大德五年(1301),一为元顺帝至正二十一年(1361),不知刊刻于何年。下截为功德名“助缘会首”,后署有“癸卯年三月日,杜贤村大户高玘、石琼同立石”,末署“宣差交城县达鲁花赤押剌浑”。达鲁花赤为元地方官名,由此可知为元碑,刊立于癸卯年。下截右部残缺,然文字基本未损。

【碑文】

東仙洞記

東仙洞福泉山一座。四至,北至洞卯湮,東至西石門,南至三窑平溝心,西至和尚蕩水泉。四至以明,因銀貳斗捌升,進在常住,庇無明地。

皇帝大王福廕裹太原府承差來使臣張塔剌渾賫奉二大王令旨,拘刷諸色科目人等欽奉外,據刷到通《周易》人丁丙,狀告有門人崔志遇、燕慧童、岳先生、吕先生等,落後□□東仙洞住坐,乞出給公據等事。通事李兀孫説過,奉都宣差忔力术那延府官言語道,與交城縣達魯花赤管民官并東仙洞大户頭目人等,這丁丙的門人崔志遇等,東仙洞與二大王祝壽,依舊住坐,並不得取要分毫差發,及禁約諸色人等侵耗搔擾欺負。如有違犯之人,拖拽前來取問,如丁丙承應廻日,别聽施行。據此,合行出給者。

右劄付崔志遇等收執

準此

三權府東總官石抹　辛丑年十二月廿九日

助緣會首

杜賢村　弓迂　武□　王京　王原　婁忠　祁顕　高倄　裴定　烏玉　史珎　婁望　□閏　武全　弓和　高齊　閆益　米十六　刘清　賀成　李玉　刘顕　陳那

馬頭水　李仲　張四　白□　武玉　張喜　張益

水頭社　吴居士　盧玉　四石槽李宝　常閏　李珍

盤道村　李亨　張安石　張元亨　程天禄　馬瑞　程通　王滿　馬惠　馬寧　張顕　吴松　曹順　張德　馬通　馬甫　曹滿

龍家庄　張温　男買買　邢臯　羅紀　男羅定　馮礼

西□庄　尹安國　尹宜

嶺下社　牛祐　牛山　陳邦

官庄　尹貴　尹安

韓庄　王成　尹九

河口北社　解□

南平　因万　因福　男靠山

曹平社　弓□　□順　弓亨　弓文　弓清

掃石社　張□　高讓　張遘　張泰

蚕□社　常京　常亨　常榮　王合

窑谷社　陳楫　陳閏　陳政　武□　陳佐　陳琪　陳來　刘山　王信

辛村王宜　松村郭聚　張鈇村喬元

太原府　東總官都管逯德昌　張德　陰會首　刘會首　趙芮　趙文秀　姑姑李祖善　丁元生門人郭順

交城縣　梁粟

癸卯年三月日杜賢村大户高玘　石瓊同立石

風翔府道士蘇志明刊

本洞住持化緣立石道衆　燕慧童　杜志宏　吕奉文　崔志遇

西仙洞主了悟子周道成　東仙洞主超然子王志安立石

交城縣監觀程

捕盗官聶天麟　次官王德昌　次官柳天祐

交城縣長官覃山秀

宣差交城縣達魯花赤押剌渾

福廕裏太原府承差
邑張塔剌渾賫奉
王令旨拘刷諸色科
刷到遍周易人丁丙
遇燕慧童岳先生呂

明

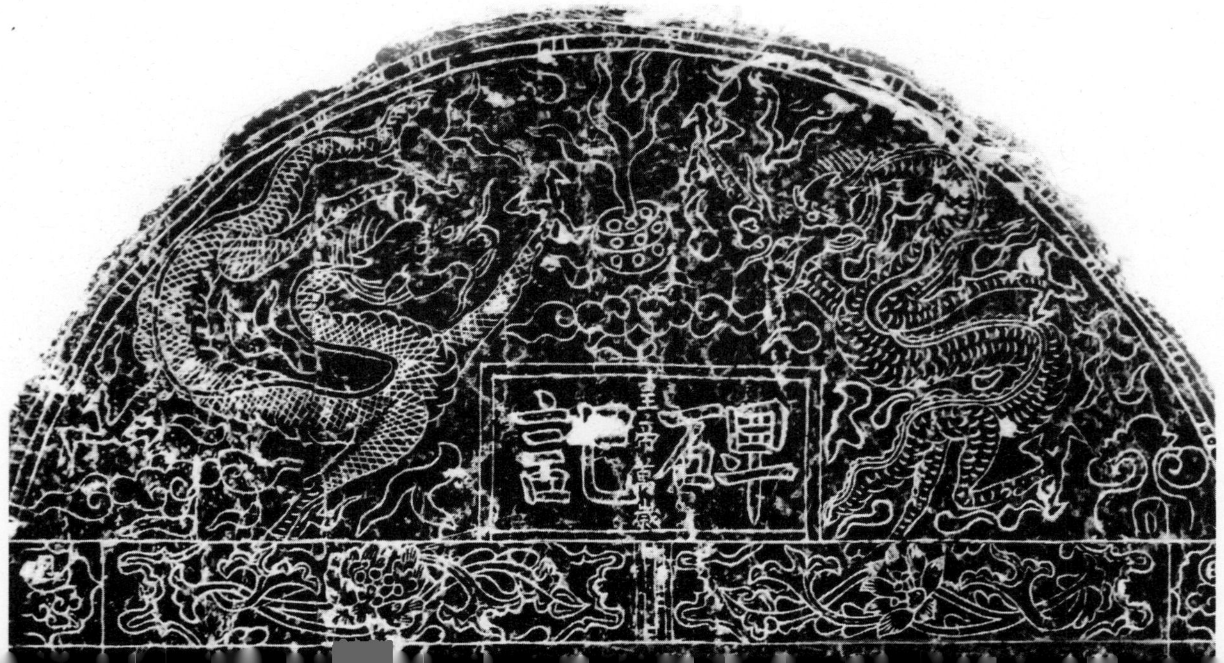

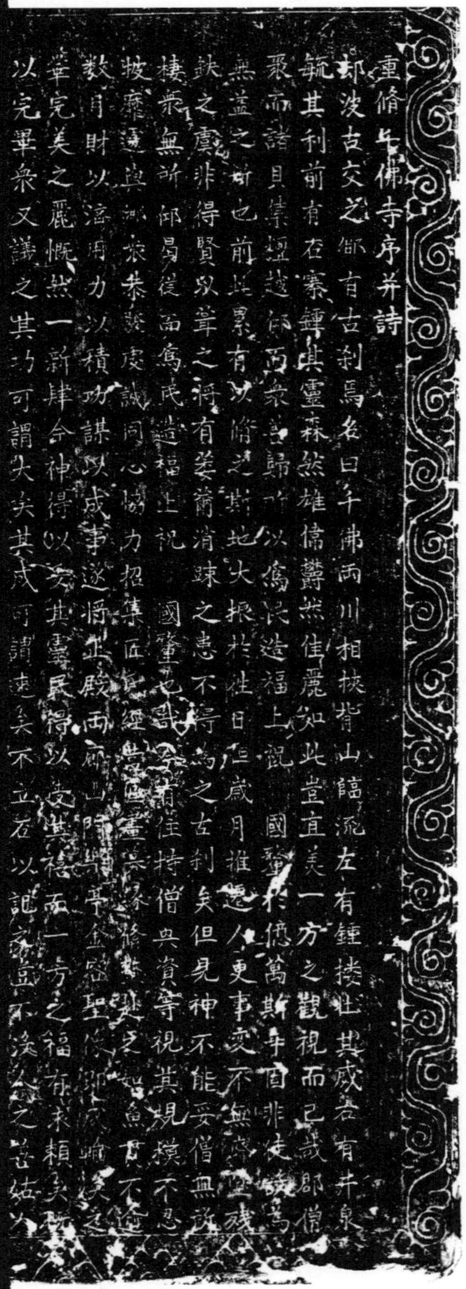

重修千佛寺序并詩

郝渡古交之鄉有古刹焉名曰千佛兩川相挾背山臨流左有鍾樓壯其威右有井泉毓其利前有石寨鍾其靈森然雄偉藹然佳麗知此豈直美一方之觀視而已哉鄉僧衆而諸貝集經越鄉西衆皆歸所以為民造福上祝國聖於億萬斯年固非徒爲無益之舉也前此累有以修之其地大振於往日但歲月推遷人更事变不無傾圮殘缺之處非得賢以葺之將有萎翳消蝕之患不得為之古刹矣但見神不能妥僧無所棲衆無所仰易從而為民造福上祝國聖也哉[illegible]著住持僧與資等視其規模不忍披靡遂與衆恭虔誠同心協力招集匠[illegible]經[illegible]畫[illegible]之[illegible]魚[illegible]不[illegible]數月財以濟用力以積功謀以成事遂將正殿兩廊山門樂亭金容聖像[illegible]焕[illegible]華完美之麗概然一新肆命神得以妥其靈民得以受其福而一方之福有所賴矣以完畢衆又議之其功可謂大矣其成可謂速矣不立石以誌之[illegible]不沒[illegible]之[illegible]姑[illegible]

东亭寺重修天王殿碑记

【简介】

明天顺元年（1457）勒石。今存古交市邢家社乡东亭寺，东亭寺别称东停寺。碑高125、宽70、厚18厘米，沙石质。圆首方座，额题“皇图永固，□道遐昌，佛日增辉，法轮常转”16字。东亭寺仅存遗址，今存有碑刻4通，两通较为完整。此碑刻不中陈规，将功德主混刻入碑文之中，或为后人随意添刻。碑文漫泐，难以辨识。然文中记述该寺创于汉，修于唐，可资考证。

【碑文】

東停寺重修天王殿碑記

切以古之梵刹，即今之浮圖也。然謂浮圖之法，實乃佛像三寶神祇之數皆在其中矣。當漢明帝之時，年農物阜，致四海之和平；禮俗樂修，□萬邦之感化。天人相助，率土歸心，佛之玄妙，至幽至微。而金身入夢，白馬駝經，肇寓於鴻臚，以爲神栖之所也，廣營佛寺而梵刹興焉，流轉到今。自我聖朝，亦加崇敬者矣。今有山西太原府陽曲縣大川都和園□西北山内有古刹東停寺者，乃一方福民之地也。漢朝起盖，唐代重脩，乃逢兵劫，火焚殿堂，兩廊碑記並無蹤跡。一有基止，磚瓦由存也，正殿兩廊，脩盖完備；一有天王殿，無僧修整。有本寺僧銘□，俗姓康氏之子，自幼出家，授礼本府清源縣淨梵寺僧圓瑜爲師，披剃出家，住其此寺。其乃和尚發心，鳩集十方衆善人等，廣捨家資，重修天王殿一所，神位四尊，人既受請。脩盖此殿者幾年，經久兵劫火損壞。由是特請善衆人等乞施捨於十方，化緣於四境，修盖殿堂，粧塑聖像，周圍完備。西乃院宇一新，立此碑記，永爲萬年不朽，福民之勝□□者焉。而殿之左右前後，作起家烈，備香火仰暮衆僧，晨鍾暮鼓，專伸祈禱，雨順風調，五□豐登，萬民樂業，而其乎太平之福者矣！是之碑記耳。

讃曰：瑞雲靄靄兮山翠，紫露騰騰兮聖境。古刹崇興兮東停，天王廟宇兮重脩。綵塑聖像兮丹青，晨暮鍾鼓兮礼敬。經聲琅琅兮清衆，福田布施兮檀樾。護法安僧兮伽藍，喜施金地兮衆善。衆善歡悦兮圓滿，緇衆聖會兮立碑。

天順元年歲次丁丑癸巳月甲午朔二十□日辛酉甲午時

本寺修住持僧□□造　門徒正全謹誌

化緣人　藥貴賢　薛氏　男藥□

卧如寺圓海　道□　□海　□□　了貴

交城縣□天村□□寺□僧圓瑜　門徒……

重建西廊碑记

【简介】

明成化十二年（1476）勒石。今存古交市邢家社乡关头村文昌寺内。文昌寺始建年代不详，明天顺乙酉（1465）重修。碑高180、宽80、厚17厘米。圆首，额题“重建西廊庙碑记”7字。碑下部剥蚀严重。

【碑文】

重建西廊碑記

太原府僧綱司副都綱□曹洞正宗□門崇善靈空□□□□□□□□太原陽曲武臺鄉大川都文昌寺者城西八十里即古并古刹也。地尤□□□之清趣，且寺左右前後則有四山，東曰日華，西曰月華，南曰主天地，曰垂□□，若拱若揖，山水縈紆，若廻若抱，勢位高明，規模弘敞，蓋上以爲□□□□□□一人萬壽之祝，下以爲一方香火之奉，故以是名，其來遠矣。然□兵火□□□謝，僧徒渙散，幾成榛莽瓦礫之區矣。迨天順乙酉，本都耆碩成□□□□□□其号也，德行著遠，人皆仰之，請爲本寺住持，鳩諸善士，重修正殿、三門□□□房，焕然一新。門徒祖歡，念師印公生平之雅，先請文殊，賢長老，作□□□□□。秋七月，有僧祖晧，号曉峰，交城義東都之望族也，父武□，母李氏，□□□□□髮，禮滿盈池長老爲師，德行優長，言語簡拔，本都老耆成□林□□□□□□，内塑地藏十王六曹之相。今年秋八月中，工就焕然。僧第祖果□□□□□□將畢，祖晧懷香造予丈室，願千文勒石，以傳其悠久。予曰：興廢存□，□□

□□於歷年之前，諸僧重興於歷年之後，而以開榛莽瓦礫之區，爲一方□□□□鬱葱，而士夫起其敬仰，鄉人有所觀瞻，非尔師徒之賢，孰克臻於此？□□□□皇圖萬載無疆，暮禮朝參，祈里社群黎有慶，若然則垂芳聲於四□□□□□筆書梗槩，以爲誌云。

大明成化十二年歲次丙申冬十月吉日謹識　立石門徒……

本山住持池滿盈　都管晧曉峰　首座祖杲　都寺祖愛　副寺祖祐……

上利交城王山十方大圓明禪寺住持錦翠藍　前住持斌惠堂　都管印源　印徹　首座……

藏主祖倫　道景　維那昌清　昌節　昌省　都寺昌浩　道宣　書記昌寬　道順　道律……

本府觀音寺住持安慈　崇善寺道昇　交城福勝寺住持□安定原門人潭了達清隱……

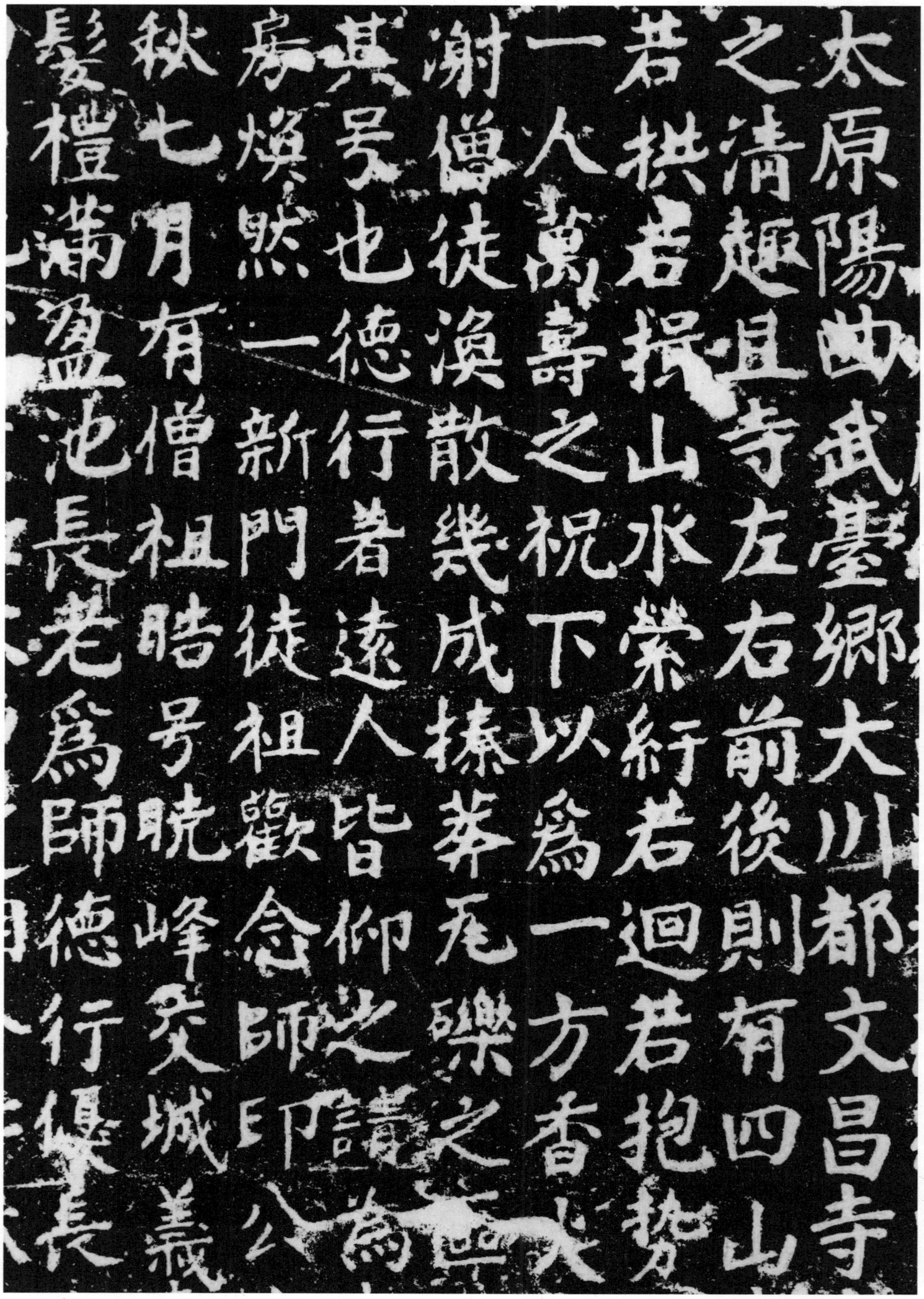

禅师真能和尚灵塔

【简介】

明成化十五年（1479）勒石。现存古交市千佛寺院内。沙石质。塔中部为六棱柱，高61厘米，正面为真能和尚线刻像，下方有门徒昌明、□冲线刻像。碑文分刻于石柱上方。杨宗□刻石。

【碑文】

禪師真能和尚靈塔

夫和嶺連界□山，澗下有坐現花庵。靈空來徃神仙過，花缘□會閙喧天。紅光紫務空中□，清松栢樹□滿天。青山緑水最爲高，白雲相架禪群腰。盖坐奄兒靠水堐，有米有麵有干柴。好修行，好修行，去來！去來，橛地尋天下苦工，野鹿含花現真□。大道場，大道場，清風明月好参□。休交意馬走心猿，勞收實□□□□，撒手長行道西天。有人参透山僧意，同赴西方蓮花會。

法孫道安武子然　男武普銘

助缘人　褚秀未□□　弓普福　武子力　武宣女　善人李妙善　□□徹　女善人李妙□

地主　劉時賢　男劉文寧　武子□　武子諫　武子叙　武子□　武子□　武□□　牛恩

本山□□□□□　道遐　師叔道慶

太原府真容寺僧　法□

交城縣來蘇坊石匠　楊宗□

成化十伍年二月二十四日立石

禱雨澤，洞中取水迎接，步步拜禮請頁。遍雨鄉村，應得其甘露滋禾潤苗。盖濟康泰，國普安寧，古今應驗。感前朝封贈仙号聖名：東仙洞六郎神護國玄靈真君，羊塲山西仙洞七郎神鎮國至聖真君，大唐李靖神君，皆有應。於大明成化年間，守洞住持僧净安，謹發誠心，募緣興功，起建樓閣一所三間，轉五歇山，横檐四層，滴水轉角，玄修節高數丈，層層裝塑，採畫聖像容顔，及板補平行入洞中，焚香条禮。後於弘治六年間，乃有陽曲縣河口都曹平前村鄉民弓孝文，因年灾病，願許親造石碑一小軀。自許之後，果蒙聖力，五子十孫男女老幼二十餘口俱以平安。今來不昧原許之心，以造前願碑碣，鐫字石上，謹捧洞中，久不磨哉記之者矣。

峕大明正德六年歲次辛未三月壬辰朔二十六丙子日辛卯時立石

弓孝文書鐫字

弓孝文室人張氏　男弓昶　芦氏　弓斌　薛氏　弓朗　孟氏　弓賓　閆氏　弓贊　邢氏　孫男果緣　明貴　弓彦璋　段氏　明全

重建观音宝阁碑记

【简介】

明嘉靖二十七年（1548）勒石。现存古交市岔口乡关头村东约 1 公里的观音堂阁内。碑高 155、宽 72、厚 18 厘米。青石质，圆首方座，额楷书“观音宝阁”4 字。正文隶、楷、行、草混书，碑阴为功德名录。文水县东皋乡温云都金相寺野衲□□□撰文并书丹。碑基本完好。

【碑文】

重建觀音寶閣碑記

文水縣東臯鄉温云䢷金相寺埜衲□□□撰書

盖聞粤有釋氏之教，流入中土以來，其立之言以圖發明之者。世尊菩薩從兜率天宫降臨，釋世周行七步，自顧四方，一手指天，一手指地，天上天下惟吾獨尊，頓脱輪廻，豁達妙旨，得大自在，得大受用。自後，給孤長者布金，而□寶地以搆祇園，邀佛掛錫，設三乘教，演四諦空法，普度人天，齊登彼岸。至漢明帝夜夢金人，教法流釋華夏，長安青門始立精舍，以處摩騰。詔天下府、州、縣建其寺，自此興焉。□交城縣西北，離城百余里許有孔河䢷，地名関頭村，觀音閣被火焚毁。今有本村壽官楊公文展，鳩領衆糾首人等，確志發心，募化十方檀那，富者輸財，貧者助力，伐木陶瓦，重修觀音閣一所，内塑主尊三大士菩薩、十六羅漢、護法伽藍，五綵金粧，金碧交輝，嶄然一新，不日而成。竑惟晋境名山，南有龍須寨古寺一處，能避兵劫；西北山古寺一所觀音寨，藏避虜患之久；中間古寺一區，新建觀音閣一所，照臨富貴遐齡，救鄉人俱務農業，座有儒紳。乱山聳翠，澗水潺湲。兹者釋子倫常思地苦，發菩提心。古曰：人天□□，作福爲先，苦海之中，以慧爲首。福若不作，望富貴以無門；慮若不煉，覓死生而無路。兹者因當作福，豈弃虚言哉。聖人之道，仰之彌高，鑚之弥堅，瞻之左前，或□後，以表其心者也。純信弟子倫常，干予爲文，彰其功德。與予交游淺，辞弗不獲。已尔，愧醯鷄之才韜，輻輳俚語，恭命能巧匠范景庫作一剛笔，鎸釋石上，永貽萬代不朽云耳。

旹大明嘉靖二十七歲在戊申八月南吕五日蓂生吉旦立石

釋子祖倫　真常

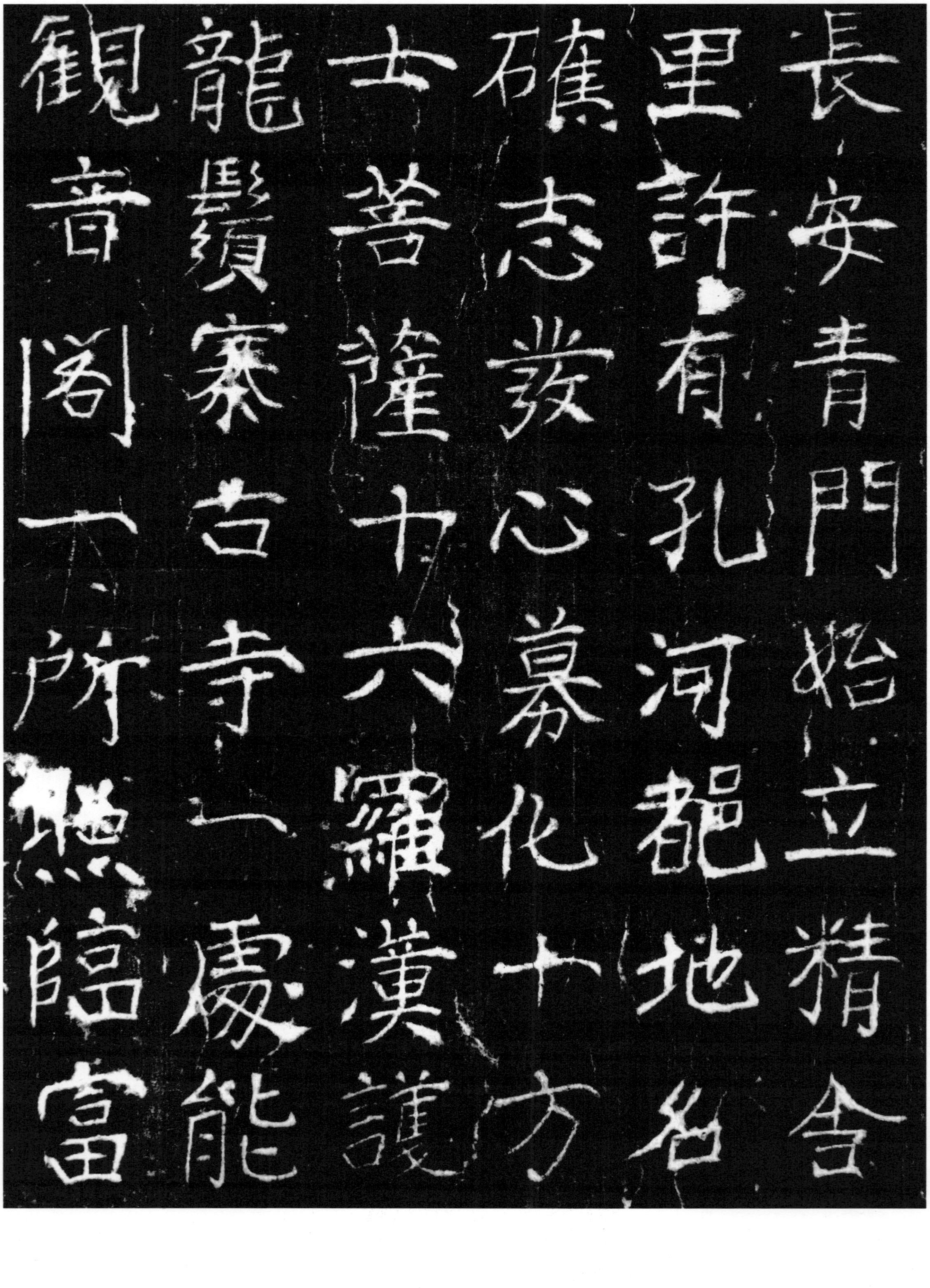
長安青門始立精舍
里許有孔河龕地名
礦志發心慕化十方
士菩薩十六羅漢護
龍鬚寨古寺一處能
觀音閣一所照臨富

重修千佛寺序并诗

【简介】

明万历十四年（1586）勒石。现存古交市千佛寺大雄宝殿前左侧。碑身高108、宽61、厚17厘米。青石质，平首方座，额题“碑记”2字。保存完好。梗杨（今山西省太原市清徐县）姚登撰文。

【碑文】

重脩千佛寺序并詩

却波古交之鄉，有古刹焉，名曰千佛。兩川相挾，背山臨流，左有鍾樓壯其威，右有井泉毓其利，前有石寨鍾其靈。森然雄偉，欝然佳麗，如此豈直美一方之觀視而已哉！郡僧聚而諸具集，檀越仰而衆善歸。所以爲民造福，上祝國釐於億萬斯年，固非徒設爲無益之所也。前此累有以脩之，斯地大振於往日。但歲月推遷，人更事變，不無廢墜殘缺之虞，非得賢以葺之，將有萎蘼消踈之患，不得爲之古刹矣。但見神不能妥，僧無所棲，衆無所仰，曷從而爲民造福、上祝國釐也哉？今有住持僧興資等，視其規模，不忍披靡，遽與鄉衆恭發虔誠，同心協力，招集匠氏，經營區畫，募緣脩整，赴之如魚貫。不逾數月，財以濟用，力以積功，謀以成事。遂将正殿、兩廊、山門、樂亭、金容聖像，即成輪焕之華，完美之麗，慨然一新。肆今神得以妥其靈，民得以受其禧，而一方之福有求賴矣！既以完畢，衆又議之：其功可謂大矣，其成可謂速矣，不立石以記之，豈不没人之善，姑人之心，使後世有不然者矣？乃請文於予。予曰：吾之爲人也，學問無成，事業罔就。辞之弗獲，閲其前碑，始終具矣。遂以不敏之資，荒踈之學，檢其要意，述其大略。正所謂隱惡揚善，忠告善道，刻成碑銘，竪於殿側，遠而彌芳，久而彌光，使後之爲善者有所感發矣。嗚呼！爲所當爲，惟仁者不惑；勇於爲善，惟聖者能之。《書》曰“作善降之，百祥其斯”之謂與！詩曰：古寺重脩蓋有年，一方受福永綿綿。人傑地靈原有像，物華天寶豈徒然。□火焚之懲昔廢，祝延有感許今賢。士庶歸依從大法，何必區區祈舜天。

大明萬曆拾肆秊歲次柔兆閹茂菊月上澣戊戌日梗楊晋川姚登謹撰

脩造僧　覺净　覺喜　覺泰

本寺僧　宗□　宗積　太果　覺交　覺榮　覺智　覺清　覺性　覺寧

隣院僧　介德　正拱　如清　正全　如净　海周　如江　法昇　宗明　净安　正詳　宗成

糾首　李孟瀛　邢彦鳳　邢文寬

石匠　邢進元　邢天信

碑記

重脩千佛寺序并詩

郄波古交之鄉有古刹焉名曰千佛兩川相挾背山臨流左有鍾樓壯其威右有井泉毓其利前有在寨鍾其靈森然雄偉蔚然佳麗知此豈直美一方之觀視而已哉鄔僧衆而諸貝集煙越鄉而衆善歸所以爲民造福上祝國釐於億萬斯年固非徒爲無益之新也前此累有以脩之斯地大振於往日但歲月推遷人更事變不無殘缺之處非得賢叔葺之將有萎蔺消蹤之患不得爲之古刹矣但見神不能妥僧無託棲衆無所仰曷從而爲民造福上祝國釐也哉爰有住持僧典資等視其規模不忍披靡遂與[illegible]恭發虔誠同心協力招集匠覺經營區畫募緣脩整之始魚貫不遊數月財以濟用力以積功謀以成事遂將正殿兩廊山門樂亭金容聖像卽成輪奐之華完美之麗慨然一新肆令神得以妥其靈民得以受其福而一方之福有求賴矣[illegible]以完畢衆又議之其功可謂大矣其成可謂速矣不立石以誌竊豈不沒人之善姑以之心使後世有不然者矣乃請[illegible]亭曰吾之爲人也[illegible]闇無識[illegible]辭之君獲閱其前碑始終具矣遂以不敏之資荒蹤之學撫其要意述其大略正謂隱惡揚善忠告善道刻成碑銘豎於殿側遠而彌芳久而彌光傳後之篤善者有所感發矣嗚呼爲所當爲惟仁者不惑勇於爲善惟聖者能之書曰作善降之百祥能[illegible]之謂與

詩曰 古寺重脩蓋有年一方受福永綿綿人傑地靈原有緣揚年天寶並徒[illegible]

火焚之懲昔廢祝廷有感許令賢士庶歸依從大法師[illegible]區區新舜夫

大明萬曆拾肆年歲次柔兆閹茂菊月上澣戊戌日 梗楊晉川姚登[illegible]撰

脩造僧 覺淨 覺喜 覺泰 本寺僧宗金 宗積 太果 [illegible]覺宗 覺[illegible] 清[illegible] [illegible]性

隣院僧 介德 正拱 如清 正金 如滄 海周 如江 法昇 宗明 淨安 正詳 宗成

糾首 李孟瀛 邢彥鳳 邢友寬 石匠 邢進元 邢天信

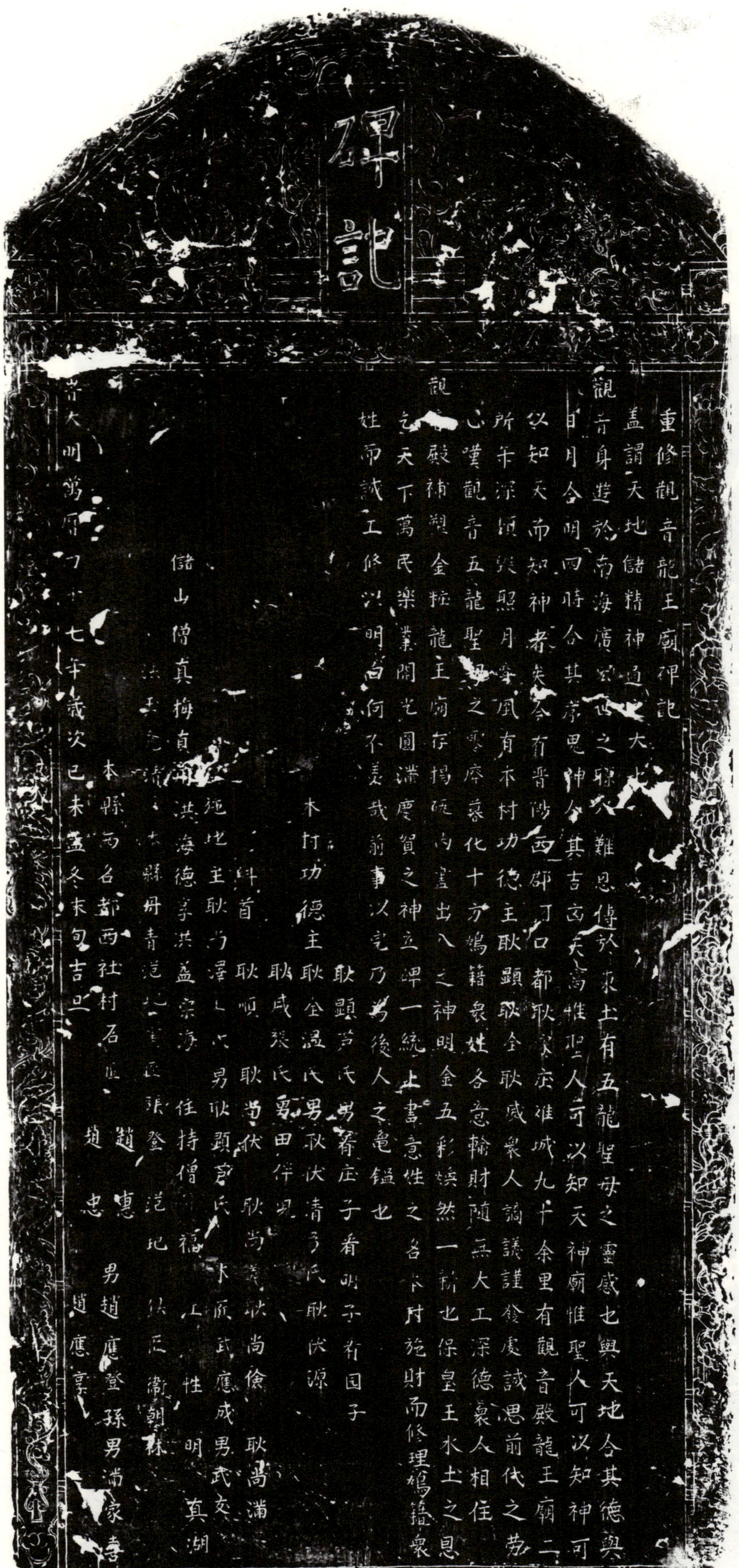

重修观音龙王庙碑记

【简介】

明万历四十七年（1619）勒石。今存古交市河口镇耿家庄村。碑高 140、宽 60 厘米。青石质，圆首方座，额书“碑记”2 字。墙嵌，保存完好。正文楷书，字迹工整。无碑文撰写人。

【碑文】

重修觀音龍王廟碑記

盖謂天地儲精神通之大也。觀音身遊於南海，廣宏世之聦，八難恩傳於東土，有五龍聖母之靈感也。與天地合其德，與日月合明，四時合其序，鬼神合其吉凶。天高惟聖人可以知天，神廟惟聖人可以知神，可以知天而知神者矣。今有晋陽西郡河口都耿家庄，離城九十余里，有觀音殿、龍王廟二所，年深頹毁，照月穿風。有本村功德主耿顯、耿全、耿威衆人謫議，謹發虔誠，思前代之劳心，嘆觀音五龍聖母之零廢，募化十方，鳩籍衆姓，各意輸財。隨無大工深德，衆人相住，觀音殿補塑金粧，龍王廟存揭瓦，内畫出入之神，明金五彩，焕然一新也。保皇王水土之恩，乞天下萬民樂業。開光圓滿，慶賀之神，立碑一統，上書意姓之名、本村施財而修理、鳩籍衆姓，而誠工修以明白，何不美哉！前事之完，乃爲後人之龜鑑也。

本村功德主　耿顯　芦氏　男看庄子　看明子　看园子　耿全　温氏　男耿伏清　弓氏　耿伏源　耿威　張氏　男田伴兒

糾首　耿順　耿尚伏　耿尚義　耿尚儉　耿尚滿

施地主　耿尚澤　王氏　男耿顯　芦氏

施粮碑记

【简介】

明崇祯三年(1630)勒石。今存古交市阁上乡西仙洞入口处。碑高120、宽58、厚18厘米。青石质,圆首方座,额题“碑记”2字。碑首右上角断裂,碑文无损。此地原为福泉山三教寺,明成化年间(1465—1487)时已被称之为古迹,至清末仅存遗址。晋国宁河王府奉国将军朱新芸、龙泉寺僧正佑、西仙洞住持真满及门徒、徒孙等共立。刘养德、刘养性、刘绅、刘缙、李春龙书记,石匠闫甫、闫亭镌刻。

【碑文】

施粮碑記

在城生員劉養德　劉養性　監生劉紳　生員劉縉　李春龍書記

七郎者,乃是聖人也。自從盤古初分天地,混沌未分之前,修仙募道,神通廣大,法力無邊。投於仙洞,歸化顯聖,靈感亘古至今,祈□□禱之場惧預。天高杭雨,各處鄉民請神取水,普降霈霖,滋潤五穀清苗,乞救離民之苦;周濟萬物生芽,覺聖大憲靈感。今交城縣河北都西仙洞三教寺,今有前面慌山,衆僧開砍砌壘成地,洪武起至,粮無升合。萬曆九年丈地,徵粮一石柒斗有零,委係山崑坡渠,地陡塌毁漂溝,依旧還林,落於數畝成熟。衆僧無守,各迯皆散,止留一僧真滿看守寺洞。連年遭慌,地去粮存,無力承種。今有本都陰景清、閆進通讚嘆不已,持僧難存,議會糺首曹希盛、馬進倉、曹希明,專化槩都人等,自己情願認粮升合不等,求逺之資碑記,存照者矣。神靈擁護,保見安寧。東有聖境曰范名六郎,封護國玄靈真君;西有聖境曰張名七郎,封鎮國至聖真君;中有聖境曰封李進君師。三位真仙同遊此境,龍神交會,降龍伏虎,燒丹煉藥,點鉄成金,通天達地,保一方風調雨順,護天下國泰民安。讚言善哉!

都功德主陰調　都功德主陰景清

功德主李鈔　功德主張喜　功德主弓希禮　邢正□　邢□　武□□　功德主陰伯倫　房夆　曹希林

糾首　陰伯真　陰幸

書手　趙希真

里長　劉進文

老人　劉進貴

陰陽　張世雄

壽聖寺僧　立清　演從

興福寺僧　宗英　宗□　永金　永昌　永鉅

吉祥寺僧　普深　普亮

東仙洞僧　覺龍　性通　姪禄

晋國寧河王府奉國將軍新芸

龍泉寺僧正佑　西仙洞住持真滿　門徒如興　如□　如保　徒孫性學　性雲　性紀

旹大明崇禎三年歲次庚午秋九月甲申日吉時立

本都石匠　閆甫　弟閆亭鐫

碑記

施粮碑記　在城西关……李春龍書記

七郎者，乃是聖人也，自從盤古初分天地混沌未分以前，修仙慕道，神通廣大，法力
無邊，投於仙洞，歸化顕聖，靈感亘古至今，祈禱之塢，惧積天高，杭雨各處鄉民
請神取水，普降霖霈，滋潤五穀，清甾气敉，離民之苦，週濟萬物，生華貧聖大慧靈感
今交城縣河北都西仙洞三教寺，今有前面臨山，数僧開砍，砌壘成地，洪武起至粮
無井，合萬曆九年丈地，歲粮壹石柒斗，有壑妻係山嵐坡渠地，陡塌毀漂溝，依旧還
於落於数畝成熟，衆僧無守，各出皆散，正留一僧真滿看守寺洞，連年遭[illegible]地去粮
存無力承種，今有本都陰景清、閆進通，嘆不已，持僧難存，議會糺首曹希盛、馬進
會曹希明，專化縣都人等，自己情願認粮，井合不等，求遠之貫，碑記存照者矣
神靈擁護保見安寧，東有聖境曰
范名六郎封護國玄靈真君，西有聖境曰
張名七郎封鎮國至聖真君，中有聖境曰　封李進君師三位真仙同遊此境　龍神交會讚言善哉
降龍伏虎，燒丹煉藥，点鉄成金，通天達地，保一方風調雨順，護天下國泰民安
都功德主陰　詞　功德主陰希礼　功德主陰伯倫　書手趙希真　壽聖寺僧立清　演從　金昌
都功德主陰景清　德主邢正　德秀峯　里長刘進支　興福寺僧宗[illegible]　泳　銀
功德主李欽　主邢[illegible]　主曹希林　老人刘進貴　吉祥寺僧[illegible]亮深
功德主張喜　武時聞　糺首陰伯真　陰陽張世雄　東[illegible]同僧覓龍性　通娃禄
晉國寧河王府奉國將軍新姜　首陰[illegible]辛　龍泉寺僧正佑　西仙洞住持真滿　門徒如本　與法孫性雲　条
音　大明崇禎三年歲次庚午秋九月甲申日吉時立　本都石匠閆甫弟閆亭鐫　保紹

仙洞歸化顯聖靈感
普降霈霖滋潤五穀
河北都西仙洞三教
曆九年大地歲粮壹
畝成熟衆僧無守各
種今有本都僉景清

清

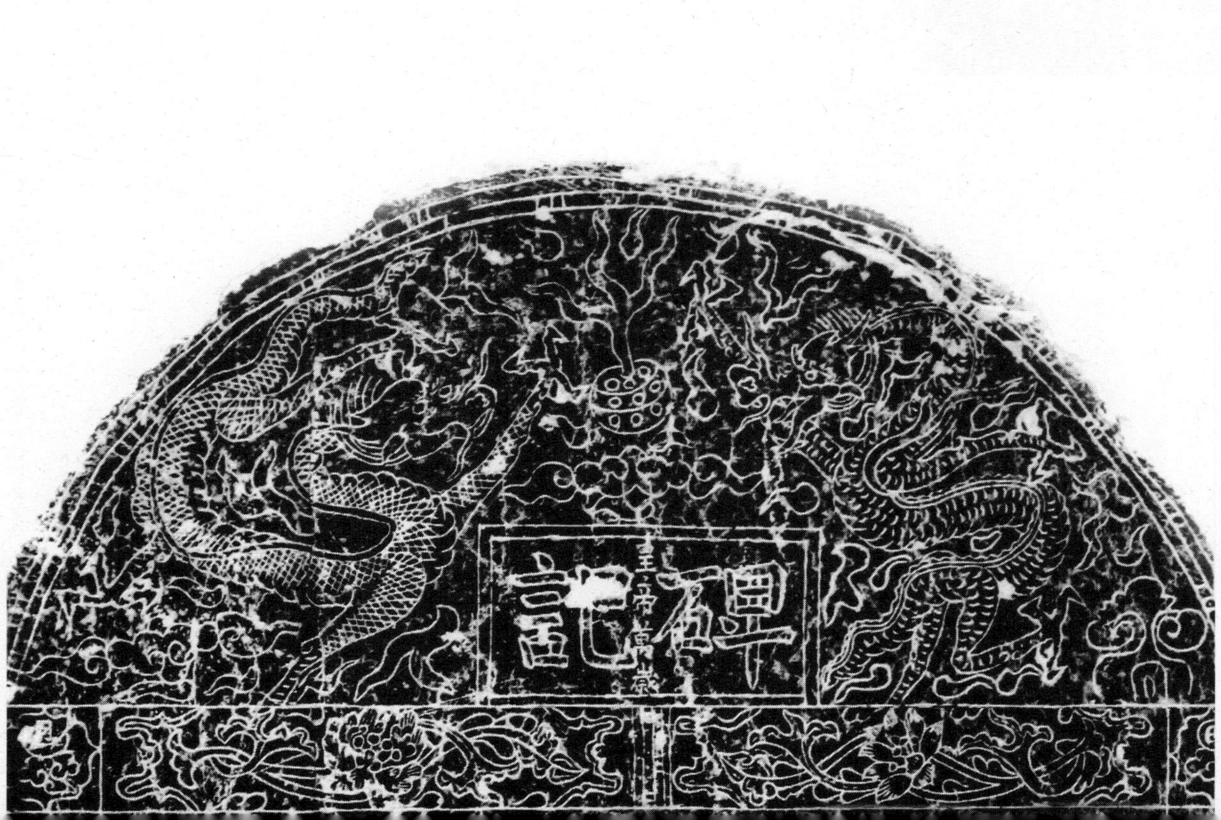

光前裕後

武公諱玉琢字國器晉交名族攔川大家兄弟為□少則任農桑之事
以故不及於學而其孝友恭敬誠信敦篤自有以過人者雖家清貧而分任
營織家亦不失大體蓋凡春秋晨夕之奉教子訓妻之方以至族姻黨友往
來酬酢無不稱情而合禮嗚呼公雖身居田家而實一世之聞人也娶孫冀
張任氏均有賢行子二女一女適同邑業儒趙□朝原銘斯刻以詔來今
業儒李毓秀頓首拜撰
孫　崇德頓首拜書

清源縣郝有章書
本縣增生郝芳名
本縣僧官性定
治平寺僧寂覺
彭城寺僧遠成

竊聞冊爲百神之尊主建廟者因以建
聖業□□□□□□壁下有石穴洞口里
七
郎神聖像□□其姓□也粤其時唐人
祐繼□於□□□不過元朝明季之所
神
係加封顯國至聖真君肩侍則應□□
鳩集資財興工于康熙□□歲功□浩
以追□□繼古述事□□爲□文□
樹之□頌曰
清泉流石壁□雲月□樓臺□
□□□□□士□□□因洞□村而

重修福泉山东仙洞兴教寺碑记

【简介】

清康熙四十六年(1707)勒石。原存古交市东仙洞兴教寺,因兴教寺已毁,故此碑移存于东仙洞。碑高100、宽70、厚18厘米。青石质,平首方座,额部残缺。碑前为康熙时碑文,附有明成化三年(1467)序文。阳曲县西庄村梁秉心撰文并书丹。碑文间有剥蚀。

【碑文】

重修福泉山東僊洞興教寺碑記

蓋聞□□□□也,生於西域。教之行也,傳於東土。周有祥光之現,漢有金身之夢,善度生靈出塵世,能超亡靈歸净界。是以設入□□□□中,置在九流之内,在在而建寺宇塑金像焉。我晋太原府交城縣河北都有福泉山,蒼松森森,泉水□潺□勝□□□□下有洞,名曰東僊洞。閲碑考誌,知爲□□□□修静養之所,因蜜行成真,威靈顯□□□□□玄靈真君,主風雨,司雷電,察善惡,操休咎,澤潤蒼生,有感必通,乃三晋之保障,交邑之靈神,豈非與佛並垂不□□?雖然其來遠矣,廟宇不知創自何朝,修葺不知継於何代。近因年遠,更兼地震,廟宇傾頽,聖像凋殘,墻垣崩毁。□□□□□獨力難成,見者興嗟,聞者嘆息。幸有住持僧昌普,康熙四十五年思量發心,行遵五戒,法悟三千,上可格神,下□□□□,發願重修。工程浩大,叩化糾首,各村輪財輪粟,復起禄事壹臺,募化十方,貴官長者,善男信女,喜捨資財,共成勝□□□□之後,勒石註名,永垂不朽云。

又序

□□□者,乃是福濟也,所以地代年以不缺也。先聖仙賢之道,乃有李靖之神,唐朝歷代君臣,在世扶立危困,歸天□以今神,□□□□靈感真□神永述□復神之,而曰端坐仙境洞。今太原府交城縣河北都名曰福泉山清化鄉東仙洞三教寺,住持僧昌普,□□之□□□□□誠願許□□□□□象彩画□□□一色鮮也。營功得感,風調雨順,祐四方,国泰民安,仗賴神力,請之尊隨無頂之力功也。是□□□□□寫,故而留□,傳於萬古後代不朽云。

詩曰:今古古今有幾人,誰知誰會何處尋?千想千思參不透,萬嗟万嘆□何休。□□□□捨工夫,難尋難覓到明樓。有人得見明樓路,端坐清凉永不休。

大明成化三年歲次丁亥丁未六月二十四丁巳日壬申……

康熙四拾六年歲次丙午五月十三日子丑

執筆人　陽曲縣西庄村梁秉心拙筆撰書

郝家庄木匠　康玘盛　男康明開　門徒張起貴　王□□　家□　郭□

皇帝萬歲

重修关圣庙碑记

【简介】

清康熙五十六年（1717）勒石。现存古交市邢家社乡中社村盘龙山关圣庙前。碑高105、宽56、厚16厘米。青沙石质，圆首方座，额题“皇帝万岁万万岁”7字。据碑文，盘龙山关圣庙始建于明天顺年间（1457—1464），清康熙五十四年（1715）村人捐款对关圣庙进行了重修。曹希彬撰文，姚长基、姚满基刻石。碑刻有较轻度风化。

【碑文】

重修關聖廟碑記

天壤間佳山水何可勝數？但山水之與民吉凶同患者爲稱最。如晋陽首邑大川都者有盤龍山壹座，□與薛家溝、中社村、想兒嶺、虎爪山等村相連續。其山之形，層巒叠翠，巍然□目。且山下又有二水交錯，旋繞如帶。美哉！誠可謂勝地也。聞諸父老有云，此山在天順季間曾立爲寨，内建関聖廟壹座，凡遇水旱災疫有禱□應，若有鷄犬之驚，莫不相率以徃，即有猖狂入犯，罔不望風却走。人以爲山川之形勢使然，識□以爲神之威靈默祐如是耳。至今歷歲彌久，故址敝甚，觀者莫不興感。幸有糾首人等慨然發念，協議修葺，彼此相謂曰：“有識者若而人，經厥事□者若而人，核厥工公者若而人，掌厥納明者若而人。”記厥□，各心秉虔，無敢姑待。重修關聖廟壹座，新建樂樓三楹，圍墻躲口倚若長城，南建膳房三楹，東建静室三楹。肇于五十四季七月初五日，訖□五十五季十月十三日，僉以寨壞久而成速，非有神相之不能。乃擇中秋，具牲醴而祭唱焉。今糾首等曰：“此神事也，不可無刻。”乃偶屬文于予。予曰：“凡物之廢興者數也，凡人之感通者心也。假使任事者許善以沽名，□私以利己，□人將睊睊嗷嗷，而事不集矣，如□何？是知寨之興者數也，而所以興者人也心也。《詩》曰：‘豈第□子，求福不回。’蓋言正也。又曰：‘靡不有初，鮮克有終。’蓋言久也。心正且久而事遂無不濟矣。故曰：‘物之興者數也，人之感通者心也。’”予聊具俚言，因以表夫當事者。

交城縣原瓶都高昇村儒學庠生曹希彬薰沐謹撰　施銀伍錢

募化糾首康茂俊　靳氏　男康林宏　葉氏　康林貴　孫男靈□子銀乙兩陸錢　募化糾首康茂琳　曹氏　男康森□　郝氏　孫男成□子銀乙兩肆錢　糾首馮秉禎　刘氏　男馮廣榮　馮廣義　馮廣興　馮廣隆銀陸錢　康氏　男許保　牛氏銀七錢　糾首康希府　李氏　男保小子　二保子　三保子銀伍錢　糾首康雨　趙氏　男康希魁　趙氏　康希茂　葉氏　康希斗　康希林　孫男□成子　根成子　□□□□　募化糾首康希清　徐氏　男康文聖　邢氏　康文魁　武氏　三羊伴　孫男貴龍鎖　二龍鎖銀九錢　糾首康禎□　男康希樓　師氏　康希□　吴氏　孫男成家喜銀九錢　総經理糾首康茂珍　□氏　男康森憲　張氏　康森濱　康森榮　孫男六斤保　五斤保銀捌錢

鑄鍾糾首康希文　張氏　男康文新　高氏　康文德　□氏　孫男壽兒銀陸錢　康奉月　馬氏　男五家保銀肆錢　康孟□施□硃十雙

姬家庄村助善人　趙廷相　趙廷桂　趙廷葉　趙玉臺　趙玉林

本都木匠　成□萬銀叁錢　康智威銀貳錢　胡養兒銀貳錢　會成

交城縣泥匠　□輝　男夫□□　桑鳳林　趙昶□

交城縣畫匠　張文章　男張會元　張文華　男虎小子　邢佛家保

本都交城縣瓦匠　成大社　趙正　刘財

本都鉄匠　康智法

崞縣石匠　姚長基　姚滿基

龍飛大清康熙五十陸季歲次丁酉季春吉旦沐手謹立

皇帝萬歲
創建龍王廟碑記
天地者天下人之父母也有生成人之德焉所以神為萬物之主人為萬物之靈神非人
不居人非神不生天地不能以獨治也而旱潦霧晴各有所司之神風雲雷雨俱有所
主之聖是以下界明王分猷布化之理也今晉陽五皇鄉大川都郝家庄村
觀音堂住持僧福明于康熙四拾四年太簇月望五日會請本村糾首人等募化資財創
建龍王廟三楹樂樓壹座彩繪五龍聖像壹堂夫龍神者亟天地司雨之神也所
求必應所禱必靈誠一方之福澤也至五拾五年本村善友康萬復會本村糾首人等
各以地畝施財助工觀音院新建東禪堂壹座並山門鐘樓內外院墻不一載而工程
以完煥然聿新若不勒石之誌而施財助工者弗彰而矣欲垂永久於不朽是以勒碑
而刻銘旹 本村信士康秉寧熏沐撰書
大清康熙伍拾陸年歲次丁酉柒月戊申拾捌庚午吉時勒石千秋穀旦
交城縣功德主信士邢秉桂侄男邢如桂施越椽一科木枝二百
本都扶弟功德主信士王國雲陰氏男王碧王琳王現王璉孫男王文魁
本 信士康周張氏男康太興康太旺孫男喜來存施銀叁兩陸錢
村 信士牛王藏張氏男牛國王牛國保牛國滿孫男存保見施銀壹兩伍錢弍分
經 信士牛王成胡氏男牛國林孫男牛之旺牛之有施銀叁兩玖錢
信士康茂雨武氏男康太千四小子施銀壹兩肆錢
信士康茂雲張氏男康太成康太川康太全康太文康太武施銀壹兩伍錢
理 信士牛玉峯郭氏男牛國棟牛國梁孫男滿金保銀金保二斤保施銀弍兩陸錢
信士康太興劉氏男喜來存施銀叁錢
糾 信士牛國林閆氏男牛之旺三家保施銀叁錢
信士王文全武氏男喜哥子二喜兒施銀叁錢
首 信士武明生康氏男武玉樓武玉皇武玉殿孫男琏小子銀保吳更保施銀壹兩壹錢
本村善友康萬 東勝寺住持僧文元誠魁
太原縣丹青崔
交城縣泥水匠邢計功
寧縣王工姚長基
高原縣木匠
縣鉄匠

观音堂碑记

【简介】

清康熙五十七年（1718）七月勒石。今存古交市河口镇崖头村庙院。碑高140、宽65、厚18厘米。圆首，额题“皇帝万岁”4字。阳曲县李玉斑书。碑剥蚀较严重。

【碑文】

觀音堂碑記

余嘗游古刹勝地，嘗曰：□山者，靈山地也；闌□者，□若佛也；雷音者，法音處也。未嘗不生隆心，□□王□呂，迄各直□郡邑，至於鄉鎮社疃，修建廟□，頂禮佛像，誠善事也。今馬連嘴村創建觀音堂一座，山僻村荒，人稀力寡，雖不恢弘大廈，高閣摩空，而其廟貌金顔，亦有可者。且觀音好慈，救苦難，遠灾祲。是以蓮臺清净，憫群黎而法海無邊；竹徑□□，撫方愚而慈航普度。福禄壽□，保百□千載；□子孫常願瓜瓜綿綿。福利之來，正未可量也。禮，竊思曹洞十祖曰：修建者，入聖之洪基也；禮佛者，作善之□伐也。今有是舉，本村□善父老施貲財，施米粟，施□，則見佛像粧嚴，棟楹煇煥。工完勒石，屬余爲序。余□俚言，用垂不朽。

陽曲縣庠生李玉斑薰沐謹書

（因此處碑文漫漶不清，故功德主、糾首、佈施人員名單略）

大清康熙伍拾柒年吉七月二十四日立

青筆人　寂玺

皇帝萬歲

重修龙王庙碑记（一）

【简介】

清康熙六十一年（1722）勒石。现存古交市河口镇崖头村东约1公里的龙王庙内。碑高140、宽65、厚17厘米。青石质，圆首方座，额题“皇帝万岁”4字。僧寂通撰文，白珩镌刻。保存较完好。

【碑文】

重修碑記

蓋聞天之生人也，作之君、之師。君法之，師教之，而冥冥之中實賴神以護佑之。是神□物功於止也。□□□□□五龍掌潤之權者乎？晉陽城西五十里乾地崖頭村有五竜神祠，歷年久遠，風雨飄零，雀穿鼠吻，而廟貌頹然矣，而聖像金容亦且剥落也。往來善姓、本村人氏，老幼徘徊，無不嗟吁，則神之靈得毋怨恫乎？于是村中鄉老、糾首□住持僧人等，身任其事而又廣募十方善人，以督大工。由正殿以及兩廊、禪房、鍾樓以及山門，無不闕者補，舊者新，焕然鮮亮，以成大觀也。經始於康熙六十一年二月動工，告成於十月之内。工成完畢，經理僧人照意，□日開光，立石刻名，問記於予。予曰：“誠心善哉，修葺保亦不易事也。今日之事，手胼足胝，惟潔其心力而已。日秉虔誠，恃惟整飭，以保其成功勿替也。復何言哉？”所有功德布施芳名列碑之右。

圪垛村龍王廟住持僧人寂通□撰

經理糾首　張滿花　張滿萬　張茂威　張印禄　張印智

本村衆姓人等　張一梁　張滿才　張滿宝　張滿珎　張滿崗　張滿廒　張滿山　張滿有　張滿斗　張滿富　張茂有　張茂宝　張茂明　庠生張茂文　張茂变　張印洪　張印的　張印福　張印文　張秀林　張滿祥　張滿合　張楊存善　張貴開　黎樹節　張一芳　張滿文　張滿楼　張滿泰　張滿格　張武□　張茂春　張茂□　張茂□　張茂□　張要　張□□　張□□　張楊保地　□石村　張崇□　張會□　張會安　張會雨　□□□　張崇的　張崇太　張崇明　張崇滿　張崇□　張崇□　張崇虎　張印金　張□節　張茂成　張茂海　張茂盛　張印成　張印官　張印宦　張印千　張印万　張滿海　張印榮　張印花　張印富　張印貴　張茂海　張志川　張志珎　張一珎　張茂夆　張明　張順星　張祥　張茂星　張滿文　張崇官

張印相施捨地方一間　□三　張滿義施捨地堎一件

住持募化僧人　普旼　門徒通兖　通鑄　法孫心郡

師祖寂通　師照憙　師叔照惠　師第普曜　普僊　普映　普□　侄通□　通□　通潤　法孫心□　心福

河下村龍王廟住持叔祖寂玺　寂洪　門徒照成

陰陽　李志文

木匠　王□宝　李崇花

泥匠　郭録

書匠　段法　段天禄　姚建隆

大清龍飛康熙玄黓攝提應鐘上旬七日立

横渠村石匠　白珩

马鞍山□□狐大夫庙碑记

【简介】

清雍正三年（1725）七月勒石。今存原相乡郭家梁村东4公里马鞍山狐大夫庙遗址内。碑高130、宽60、厚15厘米。青沙石质，圆首，额题“皇帝万岁”4字。碑断为5块。从碑文可以考定，宋大观（1107—1110）以前就有此庙，大观二年（1108）赐额“忠惠”，政和五年（1115）封为利应侯。清康熙十三年（1674）曾扩建，六十年（1721）遭火焚。雍正元年（1723）重新修葺，三年（1725）秋落成而立此碑。廪生白振新撰文，徐弘业书丹，李昌英、李昌启、李正□刊石。

【碑文】

馬鞍山□□狐大夫廟碑記

交之□□□□許有馬鞍山，峯巒秀麗，聳□雲霄，夏秋之間奇花異草香氣襲人，洵邑中□□之首。□時，狐大夫與其子毛，偃葬於其巔。鄉人□大夫之賢，立廟於山。□□□□大夫□靈爽，福佑民生者有年。祠前一井，水極甘□，□值亢□，禱於大夫，取水□點，即甘霖立沛。自本邑以及鄰村，咸頌大夫之功德不□。宋大觀二年賜忠惠廟，□和五年封利應侯，有明迄清屢爲修葺。自康熙甲寅歲，□士偉等重修起建，增益□廡與山門、樂樓，無不釐然俱備。至丁卯歲，韓照明等復□□修。至辛丑歲，忽爲回禄□，殿宇神像爲之一燼，遠邇祈禱者，俱失所依。糾首□□瑾等謀欲興復，偕□立通明，糾合常蘇、郝□、張、李、趙氏等三十二人，持册遍募。□中素敬大夫之靈，莫□樂輸恐後。於是鳩工庀材，重新修□。經□□癸卯之夏，落成於乙巳之秋。若正□，若廊廡，若山門、樂樓，規模各仍其舊。□後增以寢宫，爲楹有三，□右益以厨舍，爲□有二。崇其垣墉，飾以金碧，廟貌巍岸，其堪與馬鞍山并峙千古。□既竣，請記於余。余□以大夫橋梓，生長交邑，其生平□□，邑乘載之甚悉，無容復贅。□即其修建之年，□督理之姓氏，歷歷誌之，以垂不朽。

邑廩生白振新撰

邑庠生徐弘業書

總理糾首　常魁　蘇伏朝　張必□　郝進達　徐士雲　常宗□　韓天弟　李尚品　□滿明　蘇應舍　張法　韓良威　徐作瑾

住持僧　普玉　普輝　普金　門徒□昌　□明　□德　法孫心□　心□　重法孫圓啓

大清雍正三年七月穀旦

石工　李昌英　李昌啓　李正□鐫

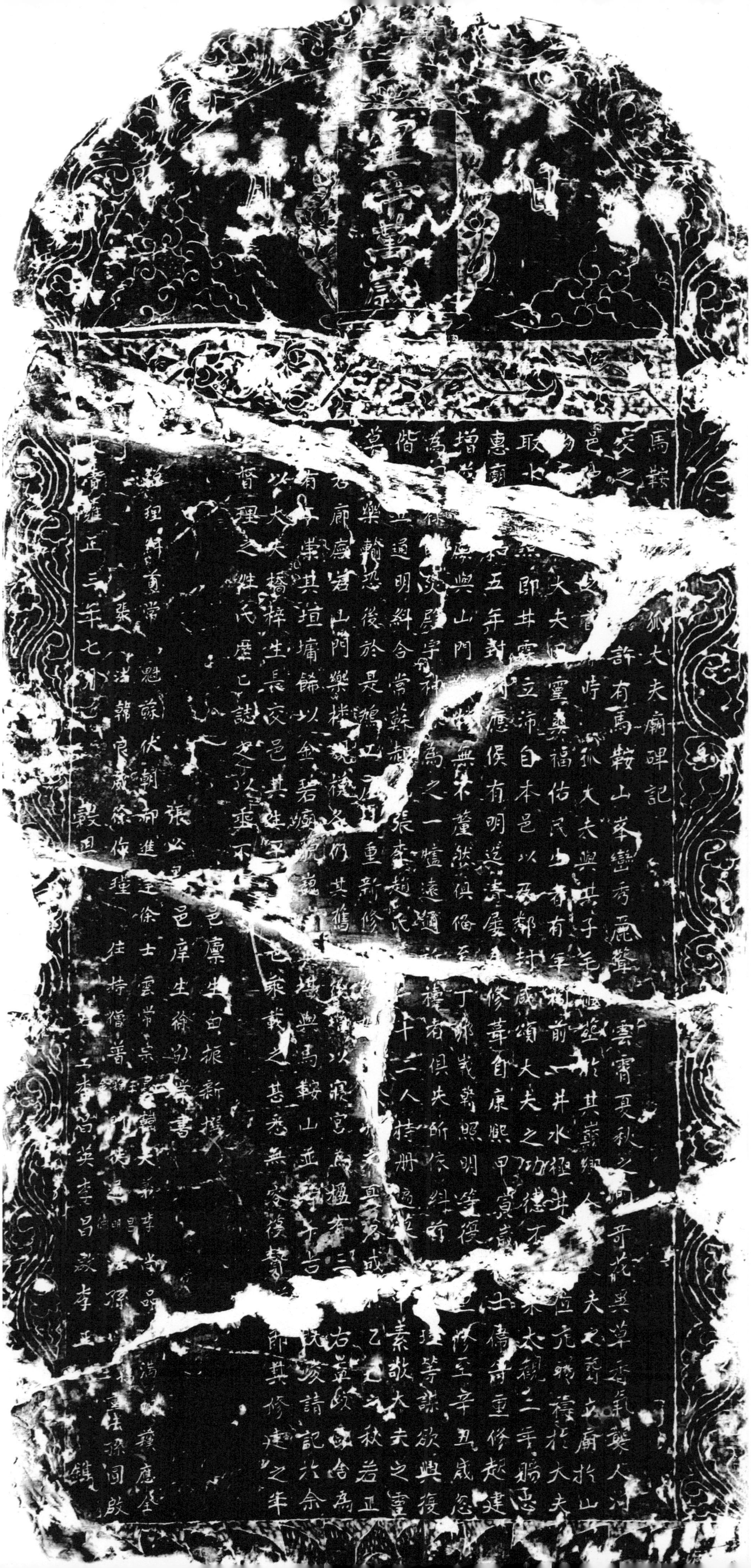

馬鞍山孤大夫廟碑記

交之許有馬鞍山峯巒秀麗聳雲霄夏秋之間奇花異草香氣襲人河
邑之□□時孤大夫與其子毛□遊於其巔鄉人□夫之□立廟於山
□□大夫□靈異福佑民□者有年□前一井水□井□位□□禱於大夫
取水□□即井□立流自本邑以及鄰封咸頌大夫之功德不□太觀二年賜□
惠廟□□五年封□應侯有明迄清屢□修葺自康熙甲寅歲□□傳□重修起建
增益□□與山門□□無不葺然俱倫至丁卯歲□照明等復□修至辛丑歲忽
爲□□□□宇神□爲之一□遠□□樓者俱失所依糾首□□等謀欲興復
偕□□樂□道明糾合常蘇郝張李趙氏□十二人持冊□□□素敬大夫之靈
莫□樂輸恐後於是鳩工庀材重新修□□□真□成乙□之秋若正
君廟廡暨山門樂樓□後各仍其舊□□以寢宮爲樞□三□右菓□□合爲
有□崇其垣墉飾以金碧煥然巍□□□與馬鞍山並□千古□□□請記於余
以大夫桔梓生長交邑其生平□□□載之甚悉無容復贅□□其修建之年
暨理之姓氏歷已誌之以垂不□
張必□　邑廩生田振新撰
邑庠生徐弘業書
經理糾首常□魁蘇伏朝郝進廷徐士雲常宗□韓大彰李尚品　□湯□
張□治韓良藏徐作瑾住持僧普□徒□明□　孫□　孫□
大清雍正三年七月□□穀旦　□工李呂英李呂啟李正　□□鎸

重修西仙洞三教寺碑记

【简介】

清雍正四年(1726)十月勒石。今存古交市阁上乡西仙洞。碑高110、宽58、厚17 厘米。青石质,圆首方座,额书“皇帝万岁”4字。保存基本完好。孙栾周撰文,三教寺住持海伦书丹,姚太基刊石。

东仙洞与西仙洞相距20公里,各建有寺一座,寺内分别塑有七郎神、六郎神及唐代李靖等像。西仙洞为三教寺,明代正德五年(1510)被大火焚毁。清康熙、雍正、乾隆、嘉庆、道光年间多次进行重修,但到民国初已成遗址,片瓦未留。

【碑文】

重修西仙洞三教寺碑記

夫佛者,西方之聖人也,而中國無聞焉。迨自漢帝金身入夢,而後而佛教流傳中國。其後梁武帝捨身施佛,唐憲宗敬迎佛骨,而佛教始大行焉。噫,此佛之所由□,而寺之由建矣!山西太原府交城縣河北都西仙洞,離城一百八十餘里,旧有寺院,古跡尚存,至成化二十二年失記無考。有僧陰普祥重新修建。正德五年失火焚之,片瓦無。僧道悟,法號真空者,募化修建,至今年遠日久,墻垣塌毀,殿宇凋殘,人人嗟嘆。今有住持僧海保等,至康熙五十六年會請本都糾首等共議募化十方。恐年慌布施不能也,或然起議:有本寺山林可以坎伐,賣價修工。至雍正四年修整殿宇,塑畫神像,正殿、山門、鍾鼓樓、樂殿、禪堂焕然聿新。內有七郎老爺勅封鎮國至聖真君,唐封君師李靖之神。每逢大旱,鄉人處心祈祝,莫不靈應。此有益於人世之神而不可不敬者也,而謂寺可不修哉?建工成完備,求序於余。余嘉其心之誠而力之篤也,且土人捐輸,與夫共事之勤勞不可泯也,于是勒石,以誌其不朽之爾。

交城縣儒學庠生孫欒周董沐撰

本寺住持僧海倫書

本村糾首　陰希綉　陰勢龍　陰希通　陰威龍　陰希府　陰貴亭　閆崇凰

本村衆姓　陰貴仁　陰希縣　陰琮　陰貴枝　陰貴義　陰希郡　陰貴榮　陰貴忠　陰貴魁　高若生　房之福　刘仁　張英　李胡

木匠　閆三文　牛伏德　刘伏增

泥匠　荀威　武輝　王闊

鉄匠　侯名斗　程益寬

丹青　瞻国相　秦士虎

本都糾首　三甲閆如良　閆必順　閆林　閆成元　四甲陰會龍　郝芳荣　陰希恭　陰萬福　五甲邢如栢　邢維武　李課　六甲張名璉　張彬　張名仕　張名鳳　趙自　金十一　曹孝　曹文　曹府　曹武　七甲李鼎　李之武　李萬寶　王龍　李建齊　閆荣　八甲刘国荣　程議　張桐　武讓　閆琮　九甲王汝華　王哲

本寺僧性通　門徒海定　海雲　法孫寂喜　寂住　寂宏　重孫照瑞　照登　照□　照吕　孫普聰　普慶　性存　門徒海成　海倫　法孫寂禄　寂銀　重孫照省　照容　性會　門徒海保　海曇　法孫寂奇　寂紳　寂元　重孫照明　照玉　照金

雍正四年歲次丙午十月吉日立

崞縣石匠　姚太基刊刻

山西太原府□□□□□□麻会村圣母庙碑记

【简介】

清乾隆十一年（1746）勒石，为圣母庙始建碑记。碑高160、宽70、厚17厘米。青沙石质，齐首方座，额题“圣母庙碑记”5字。碑首有剥蚀。麻会村民张万进撰文并书丹。

雍正十三年（1735），麻会村的儿童中传染痘症，死亡率达到百分之八九十以上，造成当地一片恐惶。当时麻会村龙王庙姓宋僧人鸣钟聚众，商讨此事，决定建圣母庙三楹，以图消灾。碑记今存于圣母庙院内。

【碑文】

山西太原府□□□□□□麻會村聖母廟碑記

嘗聞善無由不彰，事無由不著，情固然也，理亦然也。夫亦有無所爲而爲，善者上哲之行也。若民□□，懸善徵以勉善，著惡懲以遏□。有如雍正十三年間，本村幼男、幼女，咸感痘癥，十喪八九，人人胆寒，個個失色。彼時本村有住持僧人姓宋者，一日鳴鍾聚衆曰：“村中幼童如此不幸，奈無祈禱之處。□閱橋東廟西可創聖母廟三楹。後有本溝帝旺水曲，朝前有大川過□水大會，此處建蓋廟宇，内塑聖母金身，必然灵感。且龍王殿與戲臺，亦□底委庙院南北，又甚短窄。”衆曰：“工成浩大，村民力薄，無可奈何。”僧曰：“若將磚瓦木石本村備辦，艮錢量力施舍，如有不及，在僧他鄉募化耶！”□與衆庙院禱祝，許建聖母庙三楹。後得痘症者個個果獲全慰。次年，僧□□三色物料，經理備辦，豈□此僧未及建造，而壽終亡矣！數年□□，連值荒旱，未敢動工。迨至乾隆八年歲次癸亥，東作頗獲，西成在望，時值季夏末旬六日，衆議動工。□曰：“亡僧雖無起建造作之功，亦有当日觸目傷心好生善發之念。”是以閤村齊心協力，老者人人争先恐後，壯者個個奮力勇爲，即各色匠工早起遲眠，俱存急公報效之意。至仲秋上旬，約曰十余日，九楹廟台已巍然成、煥然新矣。虽人力所成，儼若神功默佑使然也。延及九年，歲次甲子，將聖母庙聖像全塑，南北庙台五色粧飾。凡所用之艮錢，俱從地畝公出，有者施之多而無不樂然，無者施之少而悉皆快順。今工既成矣，宜誌於石刻。神其有灵，祈遂萬物之生成碩，求祈禱之灵應，使其千載之後，福及於無窮庶下，僧善發之念可彰，本村創作之功微□□。此謹刻。

（因此處碑文漫漶不清，故功德主、糾首、佈施人員名單略）

本村民人張萬進頓首撰并書

乾隆十一年歲次丙寅孟冬吉日吉時立

重修关帝阁龙宫并新建圣母庙碑记

【简介】

清乾隆十二年(1747)勒石。今存古交市岔口乡麻会村圣母庙院内。碑高166、宽70、厚17厘米。青石质,平首,额题“流芳百世”4字。保存基本完好。田冀□撰文,张忠邠书丹。

【碑文】

重脩關帝閣龍宫並新建聖母廟碑記

蓋聞神之□靈昭昭也。大德慈生千百載,□沾善濟,神功浩蕩,億萬年永沐恩□。故修□以薦馨香,仰□聖澤;祝祊而誌祀事,上答神□。班班然,振古如兹;□□乎,於□爲然矣。我交邑屯蘭都麻會村,有關帝閣龍宫,繕完多年,固本自今□也,惟聖母廟未建。兹因衆姓祈福,苦海慈航,闔村善心激發,募化善緣,□□□力難成,爰會上下十五村人等胥種福田,一時施資好善者雲集響應。新移帝閣,重脩龍宫,並建聖母之廟,將殿宇聖像皆聿新厥成矣。古語云“有爲之前,必继於後”,此之謂也。碩成之矣,雖布施多寡不一,無非祈神默佑。不意衆糾首失於經理,未嘗勒石著名,殊失敬神之意耳。爲此重勒石刻,並列芳名,非但行神恩之著被,且以聯萬姓之作有。後之廣種福田者,行將有感於斯□。

本縣庠生田冀□沐手敬撰

康庄村張忠邠沐手敬書

(因此處碑文漫漶不清,故功德主、糾首、佈施人員名單略)

旹乾隆拾二年二月二十四日立

流芳百世

地亩碑

【简介】

清乾隆十七年(1752)四月勒石。今存古交市岔口乡安家沟村五龙庙内。碑高122、宽57、厚7厘米。沙石质，平首方座，额题“地亩碑”3字。程于浚书丹，姚弘礼刊石。

【碑文】

地畝碑

窃維觀音堂之設由來久矣，創建之年月，經營之名姓，杳不可知。所遺香火地共一拾七垧，名数雖世世相傳，其一應來歷、契券已皆失毁，無從稽考。以故村中每生覬覦，遂開争端。兹於乾隆拾柒年三月二十五日具禀縣主張老爺案下，蒙批：“具禀已悉，仰即限同村衆将此香火地畝備細查明，四至開列，勒石以垂永久。不許住持擅行典賣寸土，違者並行重究，地仍追出入廟，断不少寬。”蒙此，合行遵諭立石。故此，馬継文、李生盛、張永虎、王輔帝、馬伏祥，又同閤村人等將地畝四至逐段查明。□在碑陰，世守勿替，是爲記。

□□□艮五錢　馬□□艮三錢　李法吴艮三錢　張□禄艮三錢　馬德正艮三錢　王德恭艮三錢　馬継清艮三錢　馬継状艮三錢　馬德虎艮三錢　張永豹艮三錢　尹建會艮三錢　李生林艮二錢　尹三道艮二錢　李朝威艮二錢　馬德賢艮二錢　張永昌艮二錢　郭萬荣艮二錢　馬德俊艮二錢　馬德旺艮二錢　馬德明艮二錢　何有虎艮二錢　何有威艮二錢　馬継金艮二錢　馬継俊艮二錢　張永飛艮二錢　馬德朝艮二錢　尹三威艮二錢　馬德恩艮二錢　馬德勢艮一錢　馬德奇艮一錢　王應起艮一錢　郭萬華艮一錢　馬德義艮一錢　馬在雲艮一錢　馬德龍艮一錢　馬在月艮一錢　馬在斌艮一錢　馬在寬艮一錢　李朝喜艮一錢　馬継德艮一錢　何寬艮一錢　尹進文艮一錢

静邑庠生程于浚敬書

大清乾隆拾柒年四月二十五旦立

郭邑石匠　姚弘礼

住持　尹三盛

觀音堂之設由來久矣創建之年月經營之名姓杳不可知所遺香火地共一拾
大清乾隆拾柒年四月二十五日立
郭邑庠生程于泌敬書
郭邑石匠姚弘禮
住持尹三盛

东亭寺碑记

【简介】

清乾隆十七年（1752）勒石。今存古交市邢家社乡东亭寺院内。碑高160、宽65、厚18 厘米。圆首，无题。碑从中部断为两截，剥蚀严重。姚洪礼镌刻。

【碑文】

唐有天下，仁聖栾文武，重光憲章，於古損益以正□去雜□，煽揚淳風，於二□三代有□德於周公。孔父無違命，獨以空門金人之教清净□於天綱，慈孝禅於人紀。式克惇尚，□其踐修於□人知崇奉，家有清信空法。匝於寰區，真□□於墳藉。洪惟適道□適□□歸心之真宅。玆有東停寺，在府之陽曲縣大川都，住持僧人福廷□□□佛旨，禁戒惟謹，以廟貌不嚴重無以肅凡心，不精頎罔克□聖鑑，欲壯一都之□宏觀，補此方之□典。會請衆議，立意興□，特恐功費□□力難就。專修夫楮，敬告檀那，隨心喜捨，共成勝事，功德無量矣。

（因此處碑文漫漶不清，故功德主、糾首、佈施人員名單略）

大清乾隆十□年□月

修僧人福廷　門徒□□□　行荣□東勝寺　師□福珍　門徒會明　會□

崞縣石匠　姚洪禮

重修禅室碑序

【简介】

清乾隆十八年(1753)勒石。今存古交市西曲街道办事处西曲村福祥寺。碑高92、宽50、厚15厘米。青石质,圆首方座,额题“百世流芳”4字。牛锡瑛撰文,张志孟书丹,姚永基、姚弘礼刊石。碑表剥蚀严重。

【碑文】

重修禪室碑序

盖聞鬼神之情狀,因人心而生,人心之誠敬緣鬼神而出。是知幽明一理,而□人之不可無所憑依也。尚矣!交邑河北都西曲村之西,有古廟一座,左関聖,右龍神,建自先代,由來久矣。但風雨飄摇,殿宇傾圮,兩廊凋落。□遇循例報賽,不能無式微之嘆。幸數年來,□和時□,人力稍裕,安知非靈爽之鼓舞而神功之默佑乎哉?於是糾首等相率而議曰:唯聖有靈,作善降祥。兹欲閤村募化,整理殿宇,修飭兩廊。但見□人士女無不踴躍樂從,或一兩或二兩隨□喜捨,或三錢或八錢量力捐資。曾不數日,焕然一新。非惟一方之壯麗,實神人之憑式係焉。又兼住持僧人道就誠意耿耿,於雍正七年内同張志礼、張志□、□胡榮等用價銀拾柒兩伍錢,買到李玉元四家足□壹□之地,計地肆拾肆垧,隨粮□十一□。又買到張志廣地二垧,隨粮□□□,合以爲廟□□用。由是和氣致祥,五日風而十日雨;稼穡作甘,千斯□而萬斯箱。神人有賴,享祀無窮。洵一時盛事,非曩日之景。衆詎可湮没而不彰乎?故勒之石,以示不朽云爾。

清邑儒學生員牛錫瑛撰

邑人張志孟書

修造住持僧人道就　門徒弘璽　弘深　法孫代廣　代建　代玉　重孫了旺

木匠　閆三和尚

泥水匠　李孝

旹大清乾隆十八年歲次癸酉季春吉日立

崞縣石匠　姚永基　姚弘禮刊

重修龍王殿并建兩廊樂樓
盖聞人得所宅則居之安神得
捿託也繕完必時丹雘必備固其
王民靡不瞻仰焉向特有正位而
但苦修葺無資雖心有餘而力未
下日鳩工重修　龍王殿新建兩
者　龍宫也丹楹黝堊星列燦然
順風調俱于是乎卜之矣古語云
綏爰序数言以誌不朽云　本

重修关帝庙乐亭西北禅房钟鼓二楼碑记

【简介】

清乾隆三十年（1765）勒石。现存古交市河口镇河下村关帝庙院内。碑高158、宽57、厚18厘米。圆首，额题“日”“月”2字。赵克岐撰文，杨满元书丹。碑左下部已残。

【碑文】

重修関帝廟樂亭西北禪房鍾鼓二楼碑記

帝君精忠大節，数千年來朗然，肅秋霜而光白日，我國家春秋享祭，與孔庙同垂祀典。而下暨井里，咸立庙以祀之，其來久矣。祠居里之西南隅……帝君式□憑之，境第舊制既嫌庳隘，而歲月積久之餘，不無薄蝕傾圮之患。里中善士，慮其無以……崇，蔭乎楝宇，闢其前以爲佑享之亭；廠其右以爲理議之室。□鳩工督役，逾年而厥功告……以望，則雲之飛，水之蘊，山石之磷峋，烟霞之出没，皆足以爲丹青之點綴，楹檐之暉光。抑吾……浪涌，盤踞数百里。而汾水奔流浩瀚，南注大河，有龍門積石之險；奔走斯庙者，于山見帝德……賴以永存。而經理之人，不憚功程浩大，竭筋力以献誠；功德之主，莫惜貲費繁多，傾私囊而……陶于帝德之中，而鼓舞贊□之弗倦焉。後之君子聞風興起、振頑起懦者，當不徒循循然……

忻州庠學趙克岐撰

弟子楊滿元書

正功德主楊門冀氏　男楊滿文　王氏　楊滿元　邢氏　孫男楊培□　高氏　楊培幹　楊培荣　扶樑主楊玉林　武氏施銀二兩　男楊滿顔　郭氏乙兩七錢　金裝聖像正殿楊滿文　王氏施銀十兩另施銀十二錢　金裝聖像正殿楊滿元　邢氏施銀十兩另施銀十二錢　金裝聖像正殿信女楊門張氏　男楊继唐　刘氏　孫男和平子　二和子施銀十兩

經理正殿糾首楊志義　王氏　男楊守艾　康氏　楊守喜　解氏　孫男楊永□　□氏　楊永保　武氏　楊永真　楊永□　楊永□　張氏　楊永滿　王氏　楊永寬　楊永朝　武氏　……　張□凰　王氏　男張成□　殷氏　張成有　武氏　孫男張滿興　張滿□施銀二兩八錢　楊□□　王氏　男楊滿□　□氏　孫男金□子　張氏　□□子　□□子施銀乙兩□錢

經理樂亭鍾鼓二楼西北禪室總糾首　楊志義　張□凰

大清乾隆歲次三十年仲冬吉日

黄神庙碑记

【简介】

清乾隆三十一年(1766)勒石。现存古交市镇城底镇西岩村黄神庙内,属创庙碑记。碑高135、宽58 、厚15厘米。青石质,圆首方座。武学发撰文,武多业书丹。碑裂为两截。

【碑文】

黄神庙碑記

嘗考祀典所誌,能爲民捍災禦患,有功於人世者,即立庙以祀之。今西岩與南岩、鹽碱窊村西北有山,巍然高大,峯巒端秀,建立黄神庙於兹□遠矣。凡遇亢旱,鄉民祈禱雨澤,無不靈感。但歷有年代,風雨所侵,墻垣未免傾頹。乾隆三拾一年,三村人等目擊心驚,意欲重脩,苦於財力不給,及與各村衆姓人等會議,咸踴躍歡悦,樂於輸將。數月間,庙宇墻垣焕然聿新,有鳥革翬飛之盛,金璧輝煌之美,雖人力所造,寔神靈所致也。今功成告竣,衆姓之銀錢、功力之勤勞均不可泯没,爰勒於石,以垂不朽云。

本邑庠生武學發撰

武多業書

經理金粧募化糾首　張隆廣施艮貳兩　張萬相施艮貳兩　張萬鏀施艮貳兩　武多業施艮貳兩　武善継施艮貳兩　張朝福施艮貳兩　趙元璧施艮壹兩　張隆科施艮壹兩　閆奇寳施艮壹兩　武永和施艮壹兩　武全儒施艮壹兩　武全俊施艮壹兩　武梦□施艮壹兩　郝盛斌施艮壹兩　周德豊施艮壹兩　周德謨施艮壹兩　周保通施艮壹兩　馬的恭施艮伍錢　張永安施艮伍錢　孫云貴施艮伍錢　張朝樂施艮伍錢　張弘化施艮伍錢　武□施艮伍錢　郝尔祥施艮伍錢　周显武施艮伍錢　馮守明施艮伍錢　武多花施艮三錢　張弘任施艮三錢　趙現全施艮三錢　趙宋□施艮三錢　武永綸施艮三錢　□超貴施艮三錢　張永廣施艮三錢　張朝□艮二錢　張万兩艮二錢　張万貴艮二錢　張万務艮二錢　張万勇艮二錢　張朝□艮二錢　張弘毅艮二錢　□的□艮二錢　武□□艮二錢　武生通　武生儒　張永廷　張朝伸　張朝觀　桑有禄　張朝聖　張朝君　張朝達各艮乙錢

画匠　劉生亮　武德厚施艮三錢

石匠　張大魁　男正川

善友　周舉殿

大清乾隆三十乙年歲次丙戌己亥月吉日立

重修关帝庙碑记

【简介】

清乾隆三十五年(1770)八月勒石。今存古交市岔口乡岔口村西约1公里处关帝庙内。碑高140、宽70、厚17厘米。青石质,圆首方座,额书“万世流芳”4字。武吉人撰文,杨作桢书丹。碑文间有剥蚀。

碑文记载,此关帝庙始建于明万历四十四年(1616),只有一间。

【碑文】

重修關帝廟碑記

□謂□□之□誠,可以感天地;□日之創建,可以動鬼神。此□知神廟□□創建,後人重修,正所□□□□□□□建也。□載籍忠臣良将,指不勝屈,求丹心争日月之光,浩氣壯山河之色,冠□□而獨絕者,孰□如關聖帝□者乎?帝君節烈,人莫□及,凡有血氣者立廟塑像莫不尊親。屯蘭都關頭村□□寺一座,寺□□□明萬曆丁巳年,□建關帝廟一間,至今世遠年湮,漸以傾壞,闔村公議重修。随其貧富,努力施捨。本村施銀玖拾餘兩,外村施銀貳拾餘兩,約計其□共百金有餘。糾首等由是庀材動工,総理者有人,分任者有人,同心協力,共襄盛事。改造殿宇,新修鍾樓,較從前之規模,不已闊乎?修造甫畢,畫工即動,塑聖像,加粉飾,向之頹然者,至此焕然聿新矣。《帝君陰隲文》云:“印造經文,創修寺院。”蓋謂仁人君子修善即以修福也。今帝君廟重修,神有憑依,無疆之福自錫於冥冥之中。将見風調雨順,同樂豐亨之休;物阜民安,□□康寧之泰,皆自修廟中來矣。值告竣之餘,雖勤勞有殊,施銀有異,要其姓名均不容没,爰勒貞珉,以垂不朽云。

邑庠生武吉人頓首拜撰　施銀貳兩

□□楊作楨沐手書　施銀貳兩

糾首　楊□德　王□文　楊宗孟　馬在元　楊作保　楊□發　楊作桂

石匠　張尔連

塑畫　李國軒

木匠　武子章

泥匠　郭達

瓦匠　郭喜

本村住持　通王

大清乾隆三十伍年歲次庚寅八月仲秋穀旦立

萬世流芳

重修观音堂记

【简介】

清乾隆三十五年(1770)勒石。现存古交市河口镇马连咀村南海寺内。碑高160、宽65、厚17厘米。青沙石质,圆首,额题"碑记"2字。焦健撰文。有轻度风化。

【碑文】

重修觀音堂記

竊思斯廟之建記,原欲歷久維新,以妥神聖之靈。乃時歲累遷,風雨□侵,往日丹楹,□□之華,□□□□土階□耳。是則鮮有善志者,靡不殷然動念,焕然欲新。但地居□隘,民財困乏,□欲於堂構,趨承之下,有□宫巍峨之致,亦□得而能哉?□□鄉之士念無資者難爲功,有□者易爲力。於是廣爲募化,聞風慕義者□不□財□□,以至金銀之□積,庶可□隨所施而不匱矣。因爲之備其貨貲,約其工師,於正殿之缺者舉之,禪室之露者善之。而且重修山門階□,□□開蓮座流霞之彩;新建鍾鼓二樓,以爲警覺迷人之具。於斯時也,□□峻乎踵事,增築□堂基道,昔而規制燦新。遂相覩而嘆曰:是役非聖母之感格□至,非善士之欽承尤不至,此苦無□□之非,所以揚人善而顯神靈也。由是施財德之姓氏,争先竭力之糾首,咸鐫於以爲不朽云。

清邑庠生焦健謹撰

(因此處碑文漫漶不清,故功德主、糾首、佈施人員名單略)

大清乾隆三十五年七月吉日立

碑記

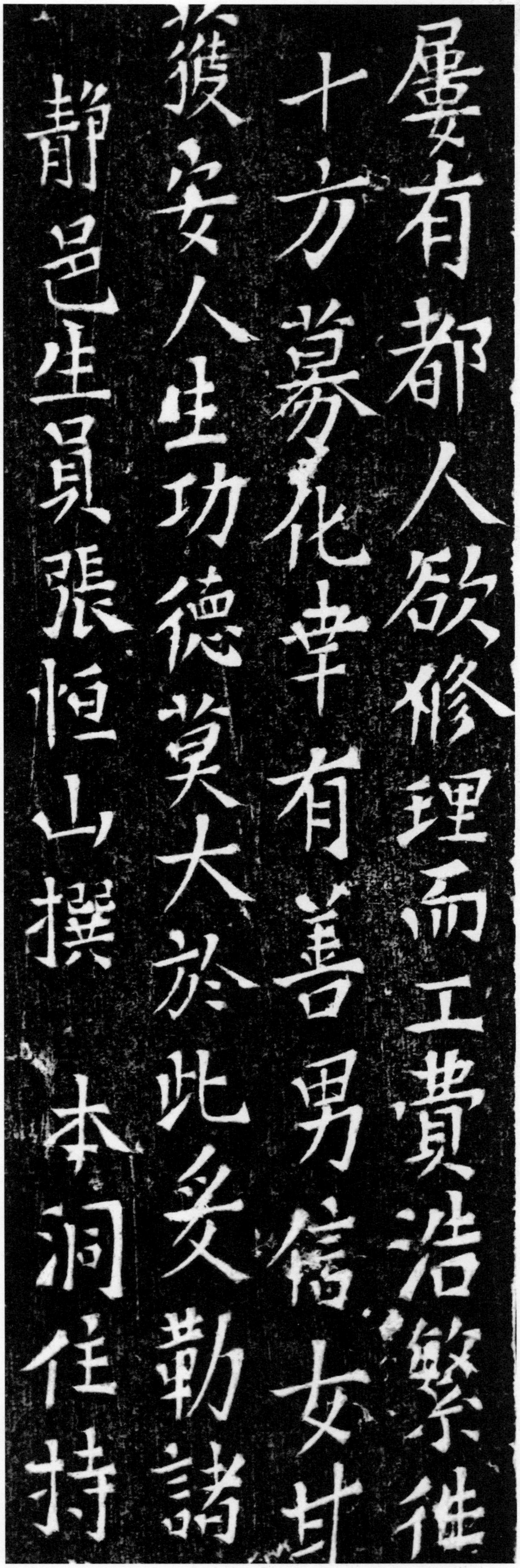

西仙洞重修碑记

【简介】

清乾隆三十六年(1771)勒石。今存古交市阁上乡西仙洞。碑高115、宽57、厚20厘米。圆首,额题“重修碑记”4字。张恒山撰文,僧照玉书丹。碑右上角断裂,保存基本完好。

【碑文】

重脩碑記

□□□□者,險地也,亦要途。屡有都人欲修理而工費浩繁,徃徃抱歉焉。兹者糾首房景明、陰□□並募緣僧照銀、普成等十方募化。幸有善男信女,甘心施捨。昔也嶮□崎嶇,曳屡□□;今也蕩蕩平平,舉步獲安。人生功德莫大於此。爰勒諸石碑,已徃之姓□□芳千載,庶將來之補葺□不患無人矣。

静邑生員張恒山撰

本洞住持僧照玉書

經理人　房景明　闫張氏　侄男房登夆　張氏　房登状　陰氏　孫男房永昇施錢貳千文　陰福生　李氏　男□海山　張氏施壹千文

房景亮壹兩　薛之龍壹兩　房之孔　房之孟壹兩　王仲五錢　王生旺五錢　王生達五錢　陰貴礼五錢　陰德訵五錢　陰斌五錢　陰全五錢　陰守五錢　陰万會五錢　陰建隆五錢　張万興五錢　李大清五錢　閆伏縣五錢　閆承業五錢　王珙五錢　冑成文五錢　冑成樂五錢　陰斌五錢　刘玘旺五錢　張永廷五錢　冑應成五錢　刘汘申五錢　高言二百文　苗生成三錢　李雲□三錢　陰魁三錢　三合号三錢　闫旺三錢　闫本寬三錢　常興傳三錢　張名玘三錢　陰文三錢　李登三錢　弓成茂三錢　闫万成三錢　張万英二錢　邢德梅三錢　□登夆三錢　陰的文三錢　陰光普　陰的闬三錢　張秉廷三錢　陰的福三錢　許義三錢　陰万龍三錢　陰生金三錢　陰生棟三錢　常思廉三錢　張海□三錢　杜成乾三錢　李成棟三錢　李成栝三錢　杜桂荣三錢　杜茂梨三錢　馬萬盛三錢　張府□二錢　張万珍二錢　張万珠二錢　張富正二錢　高本茂二錢　刘法二百文　張万亮二錢　高世仁二錢　王守俊二錢　邢万寬二錢　王守信二錢　常泰号二錢　王正照二錢　天順号二錢　刘汘生二錢　刘学文二錢　刘学武二錢　張万聚二錢　刘生鳳二錢　張万林二錢　張展廷二錢　林培雲二錢　李可儉二錢　刘寿祖二錢　陰貴亮二錢　刘先二錢　陰本魁二錢　薛之展二錢　冑應魁二錢　冑治廣二錢　陰哲二錢　冑廷圣二錢　程輝二錢

大清乾隆三十六年歲次辛卯仲月吉日立

石匠　張懷義　侄大會

重修碑記
者險地也亦要途屢有都人欲修理而工費浩繁
今也蕩蕩平平舉步獲安人生功德莫大於此
静邑生員張恒山撰　本洞住持
經理人
大清乾隆三十六年歲次辛卯仲月吉日立

观音阁碑记

【简介】

清乾隆三十六年（1771）勒石。今存古交市岔口乡康庄村观音阁中。碑高122、宽65、厚17厘米。青石质，方首平座，额题“碑记”2字。保存基本完好。原碑无题，今题为编者据文意所拟。吕调阳撰文，王四川、武徽谟、郭良弼书。

【碑文】

碑誌

壬辰秋九月，余從□郡訪舊營立，日将軒，借宿蕭寺，不得入。越数武，復□觀音阁一座，樓臺聳峙，金像輝煌，因瞻禮焉。及環顧左右，無碑石，禪舍不知建自何時與何邨落。悵望久之，適白叟從閣外來，敬叩之，□弗聞也者。余不勝愾愾，不再問。癸巳春仲，余以訓蒙羈縻岔口。故人王君諱四川造余，余以□自營立叙舊闊也。君曰：“否。余來自康莊，爲康莊索觀音堂、龍王廟碑記於子，子速就稾。”余曰：“余不敏，敢爲之哉？屯蘭，人物會萃之所，寧無工於文者？”君曰：“都人士爲余言，不過崖略創修、移建、興工、告竣之巔末，以彰厥靈，以垂不朽足矣，焉用文之？”余曰：“信如君言，請搦管。君幸教余觀音堂、龍王廟某干支所創修也。”曰：“建自萬曆年間。”“移建何意也？”曰：“都人士言説，昔在村南，孔河伊邇，代遠年湮，被河水漂壞。村中不禁目望心傷，公議將龍王廟遷於村中，觀音堂移於村東，防水患也。”“所塑者何？”“龍神也。”曰：“有廟無像，備行宫也。”“行宫之制若何也？”曰：“正殿三楹、兩廊六楹也。”“崢嶸突兀，四壁玲瓏者，復何樓閣也？”曰：“晨鐘暮鼓，東西各一也。屹然雄壯，間於鼓鐘。”“與龍宫不相上下者何也？”曰：“此□優孟假衣、海清極樂處也。”“宫後若何？”曰：“小院一所。”據如君言，經始辛卯春三月，功成壬辰夏五月。丹艧奪目，□鼓懸桴，不問可知已。叙至是，益恍然於向所欲憩息不得入與問諸白叟不答者耶，康莊村之廟與門也，謂冲天假以緣耶。於是爲君復具道所以，樂爲誌。

靜樂縣儒學庠生吕調陽撰

同郡王四川書　本邑處士武徽謨書　本邑郭良弼書

石家河馮錫爵施艮□兩五錢

総經理　馬發選

經理糾首　張志斌　康□□　王之進　□德弘

南龍溝村糾首　刘成仁施艮一兩　温的昇施艮一兩　張進福施艮□錢　徐□施艮五錢　馬成裴施艮三錢　郭成□施艮二錢　刘成章施艮二錢　馬□花施艮二錢　闔村人另有施艮五錢

募化人　王之進　郭□　馬德弘　馬□□　張玉琇

崞縣石匠　張大良　張爾山　張爾連　張全通施艮叁錢

河北石匠　李祥施艮一兩

原□泥匠　張三宝施艮一两　張三德施艮五錢

□□瓦匠　郭如斌施艮五錢

太原陽曲丹青　閆錦荣　□曰國施艮三錢

原□鉄匠　李玉龍施艮三錢

住持善友　梁善學

旹大清乾隆叁拾陸年歲次辛卯壬辰月動工　壬辰丙午月完工　癸巳乙卯月吉日勒石

碑誌
靜樂縣
儒學庠生呂調陽撰
同郡 王四川書
本邑處士武徽謨書
本邑 郭良弼書
石家河馮錫爵
住持善友梁善學
旹大清乾隆叁拾陸年歲次辛卯壬辰月動工本年庚丙午月完工癸巳乙卯月吉日勒 石

扩建龙王庙碑记

【简介】

清乾隆三十八年(1773)七月勒石。今存古交市加乐泉乡佛堂坪村圣母庙内。碑高130、宽56、厚17厘米。青石质,平首方座,原碑无题,今题为编者据文意所拟。李治纶撰文,李崇德书丹。

【碑文】

蓋聞龍王行雨神也。其事跡皆未深考,安敢挾管窺之見以表萬一?然風行而萬物鼓動,雨至而百穀生成,此其庇我下民,爲何如也哉?予弗堂平村,自先人創修廟宇三間,時時蒙不盡之休,歲歲享無窮之福。但其規模太小,不足以狀其觀瞻。三十六年,村中又欲建造兩廊,新脩戲臺,以報神恩,以答聖德。無奈工成浩大,非施地施財之有人,則事無緣而起;非募化經理之有士,則功何由而成?于是神前一議,人莫不欣然相助。今功已就,應當勒石以銘,不然則神聖之有灵有感弗彰,則衆人之勞心勞力亦不著矣。今皆囑予爲文,詎敢妄爲鋪張?不過據其目之所見、耳之所聞,以垂其事于不朽云。

本族生員李治綸撰

李崇德書

陰陽生　王□

捨地功德主李門趙氏　男扶碑功德主李尚德　張氏　募緣糾首李崇德　閆氏　孫男六斤　七斤　扶碑喜施銀拾貳兩伍錢　捨木植功德主李廣忠　許氏　男治□　王氏　募化糾首治秦　閆氏　李治燕　程氏　孫男仲科　郝氏　二仲子　閆氏　三仲子　成子　寇氏　二成子　戌成子施銀貳兩　扶碑功德主李治鴻　孫氏　男総管糾首李謨山　張氏　李烈山　三元　孫男求成子施銀柒兩　募緣糾首李治文　楊氏　男李安　張氏　李□　閆氏　孫男虎辨　張氏　二虎子　三虎子　新王子施銀伍兩　募緣糾首李治英　張氏　男李統山　張氏施銀貳兩伍錢　募緣糾首李治魁　男李富德　張氏　李貴源　孫男刀器兒施銀貳兩伍錢　經理糾首李治国　耿氏　男李福山　閆氏　李富山　寇氏　侄男李洪山　孫男狗毛鞳施銀陸兩　李門周氏　男經理糾首李學文　邢氏　李學武　王氏　孫男勒碑成　立碑有施銀伍兩　李廣義　孫氏　男經理糾首李文忠　張氏　李文孝　張氏　李文臣　程氏　孫男李尚科　王氏　李尚□　閆氏　李尚昇施銀三兩　李門閆氏　男經理糾首李好德　閆氏　李仲德　張氏　李虎山　閆氏　李尊德　王氏　孫男二小子　成子　得會　成定　成子施銀貳兩

乾隆叁拾捌年七月十一日立

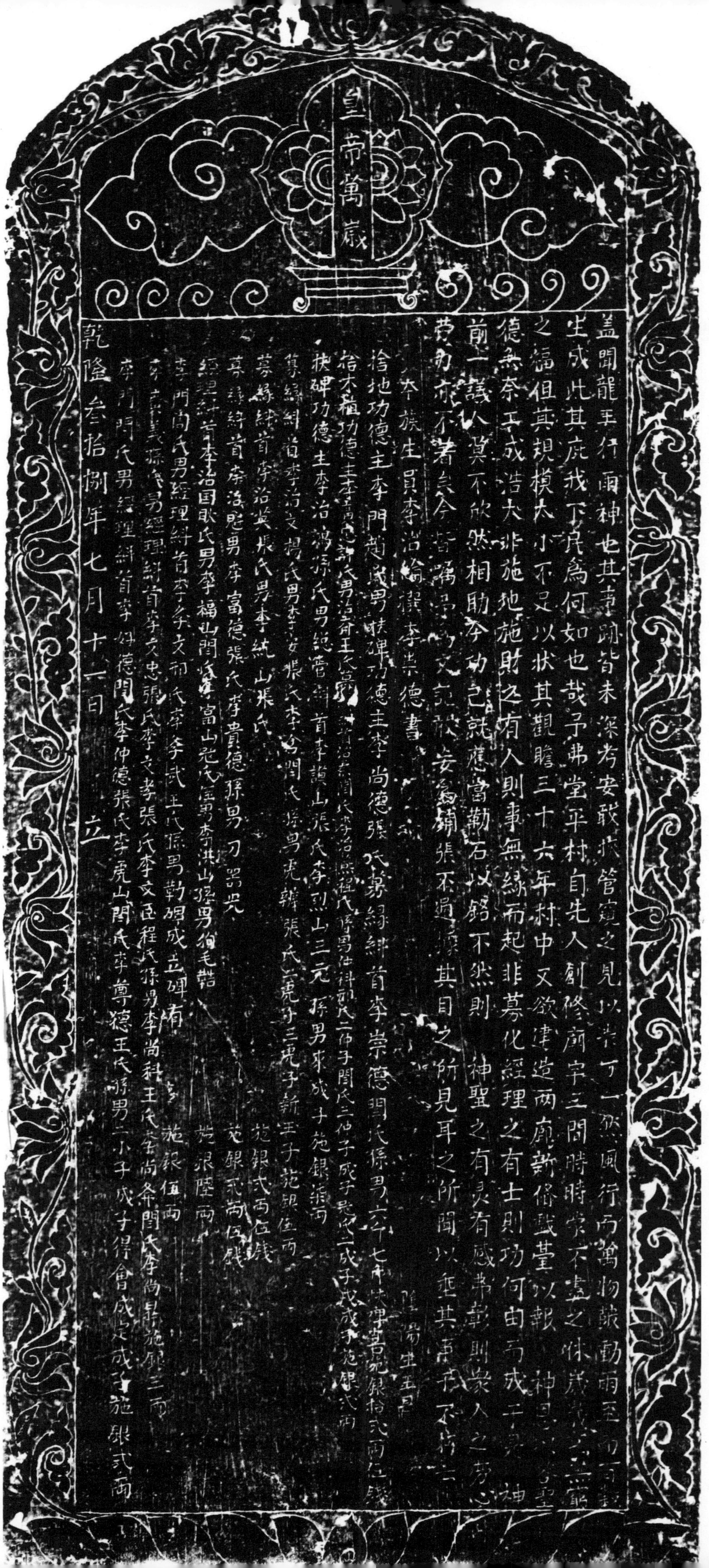

皇帝萬歲

盖聞龍王行雨神也其事跡皆未深考安敢妄管窺之見以昔了一然風行而萬物鼓動雨至而百穀

生成此其庇我下民為何如也哉予弗堂平村自先人創修廟宇三間時時蒙不盡之休咸□□□

之福但其規模太小不足以狀其觀瞻三十六年村中又欲建造兩廊新修戲臺以報神恩□答聖

德無奈工成浩大非施地施財及有人則事無緣而起非募化經理之有士則功何由而成于是神

前一議以冀不欣然相助夲功已就應當勒石以銘不然則神聖之有靈有感弗彰則衆人之勞心

費力亦不著矣今皆囑予為文記於安為鐫張不過據其目之所見耳之所聞以垂其事於不朽云

本族生員李治綸撰李崇德書　陰陽生王昂

捨地功德主李門趙氏男扶碑功德主李尚德張氏募緣糾首李崇德閆氏孫男六斤七斤扶碑蓋亭施銀拾弍兩伍錢

捨木植功德主李尚忠許氏男治斧王氏□□糾首治燕閆氏李治熙程氏孫男仕科劉氏二仲子閆氏三仲子成子晃氏二成子戌戌子施銀弍兩

扶碑功德主李治鴻孫氏男總管糾首李讃山張氏李烈山三元孫男求成子施銀叁兩

募緣糾首李治文楊氏男李安張氏李為閆氏孫男虎辯張氏亮子三虎子新王子施銀伍兩

募緣糾首李治英張氏男李統山張氏　施銀弍兩伍錢

募緣糾首李治魁男李富德張氏李貴德孫男刁器兕　施銀弍兩伍錢

經理糾首李治國耿氏男李福山閆氏李富山范氏侄男李洪山孫男狗毛黠　施銀陸兩

李門尚氏男經理糾首李斈文祁氏李斈武王氏孫男勤碑成立碑有多　施銀伍兩

李門袁氏孫男經理糾首李文忠張氏李文孝張氏李文臣程氏孫男李尚科王氏李尚斧閆氏李尚昇施銀三兩

李門閆氏男經理糾首李好德閆氏李仲德張氏李虎山閆氏李尊德王氏孫男二小子成子得會成定成子施銀弍兩

乾隆叁拾捌年七月十一日　立

新建狐神庙碑记

【简介】

清乾隆四十一年(1776)勒石。今存古交市马兰镇北社村狐神庙内。碑高120、宽60、厚18厘米。青石质,平首方座,额题"皇帝万岁"4字。保存完好。武吉仁撰文。

【碑文】

新建狐神廟碑記

嘗謂:片念精誠,可以感天地;一時締造,可以動鬼神。粤稽狐神,生前爲晋大夫,没後封利應侯。耿耿丹心,同壯山河之色;恢恢忠氣,並争日月之光。交邑北門外神廟輝煌,馬鞍山仙洞靈應,四方之民,亢旱祈禱,共沐庇庥之德,均沾雨露之恩。屯蘭都北舍村創建狐神廟由來舊矣,鄉人求風求雨多有靈感,其受福寧有涯乎?住持源闡仰瞻廟宇,既慮崖之褊狹,又虞風雨之漂摇,欲拆古廟移建社内。無基,闔村住持公議,懇乞馬在倉施地基十奉,杜洪相施地基一奉,一半受價銀叁兩。僧人欣然曰:先有建廟之基,可行募化之事矣。乃沐卜吉日,公議糾首。先化本村施主,後募化十方善士,無不慨然樂輸,約計其數,共有數百金。由是鳩工庀財,共襄盛事。正面大殿三間,西面禪林社房,東面墻垣以及南面樂臺、山門、鐘樓,無不焕然聿新。猗歟盛哉!廟既成兮妥靈神,神心慰兮庇萬民;萬民安兮均樂業,四時賽兮享祀禋。而今而後,遠遠香煙,直並青山,永峙悠悠,德澤堪同,緑水長流。今值吉竣之餘,勤勞者宜標名,施銀者當表姓,爰勒貞珉,以垂不朽云。

邑庠生武吉仁頓首撰　施銀乙兩

大清乾隆歲次丙申年庚子月甲申日吉時立

修造住持僧　源闡　源德　們徒　廣安　廣慶　法孫　續成　續繼玄孫本膺　本厚

經理糾首　馬現明　男馬得还　馬得□　馬得旺　馬得哲　孫男馬在安施銀叁兩肆錢　王月義　男王振興　王振業　王振旺　孫男王子文施銀貳兩壹錢　王大英　弟王大傑　男王廷輔　孫男王子瑜施銀貳兩　閆伏礼　男閆守成施銀貳兩　馬在倉　男馬生騏施銀叁兩貳錢　馬門張氏　男馬得龍　侄男馬得虎　孫男馬在盈　馬在實　馬在滿　馬在堂施銀伍兩壹錢　馬得寶　男馬在賢　孫馬洪基　馬洪紳　馬洪業　馬洪長　馬洪浩施銀叁兩伍錢　王門游氏　男王万保　王万庫施銀叁兩壹錢　閆貴金　男閆強　孫男閆廷侶　閆廷佑　閆廷健　閆廷偉　閆廷位　重孫男閆富勢　閆富力　閆富藝施銀拾兩　杜弘相　侄男杜廻施銀叁錢　王付昌　弟王付太　男王三位　侄男王三根施銀玖兩肆錢　馬得敞　弟馬德訓　男馬在稳　侄男馬在刚　馬在強施銀肆兩壹錢　徐茂財　男徐先貴施銀叁兩□錢　孫男徐滿順　游生保　男游以道　游以□　游以德　游以章　孫男游志銘　游志鋭施銀陸兩貳錢　王長魁　男王恩鴻　王恩鵠　王恩□　王恩成　王恩元　孫男王宴富　王宴貴　王宴□施銀陸兩貳錢

本村馬得龍沐手書

陰陽　武孟敦施良貳錢

木匠　李□美施良貳錢

泥水匠　康玉旺

瓦匠　李生富施良三錢

画匠　刘生亮　武廣寧施良□錢

玉工　刘士潮　刘士海　朱現章二錢　康玉□良三錢

新建紙神廟碑記

新建狐神廟碑記

嘗謂片念精誠可以感天地一時續返可以
心同山河之色恢恢忠氣並爭日月之光
祈禱共沐庇庥之德均沾雨露之恩屯留都
共受福寧有涯乎住持源聞仰瞻廟宇既壓
村住持公議懇乞焉在倉施地基十東杜洪
行募化之事矣乃沐卜吉日公議糾首先化
數百金由是鳩工庀財共襄盛事正面大殿
不煥然聿新猗歟盛哉廟既成兮妥靈神
今而後遠遠香煙直並青山永峙悠悠德澤
姓爰勒貞珉以垂不朽云　邑庠生
大清乾隆歲次丙子年庚子月丙申日吉時

武公讳玉镮碑志

【简介】

清乾隆四十五年（1780）勒石。今存古交市马兰镇梅家沟村武氏墓地，有墓碑楼一座。撰文者、书丹者、刊石者不详。保存基本完好。

【志文】

武公諱玉鐶碑誌

且夫天下之人，孰不言善者與，孰不知善者乎？然言善而不行善者有之，知善而不□善與夫爲善而不與人同亦有之矣！我父武公，諱玉鐶，芳升之子，和子孫也，元通、元達之父也。生于壬申年，希壽七十三歲。追維當年，自生以來，其爲人也，節飲食，戒氣怒。存心養生，所以事天，修身心矣，所以立命。正其誼，不謀其利；明其道，不計其功。其持己也，正而儉；其與人也，温而恭。聞善言則拜，見善行則樂。然其行事，不可概舉，大抵好善人也。豈世之悠悠忽忽，不自猛省，言善而不行，知善而不爲，爲善而不與人同者比者哉！試思《書》有"降祥"之訓，《易》有"餘慶"之言，三多五福，良有以也。于是思父母之德，盡報本之誠，勒碑刻石以誌，拔于萬事云。

大清乾隆四十五年歲次庚子己卯二十九戊庚吉日

昌隆耿翁墓表

【简介】

清乾隆五十五年(1790)七月勒石。现存古交市河口镇胡市局村西约庙儿岩。碑高120、宽48、厚10厘米。圆首,碑额楷书"流芳百世"4字,正文楷书。"清故显考耿翁讳玉崇字昌隆妣张程氏之墓"18个大字镌于碑文正中。闫本撰文。保存基本完好。

【表文】

昌隆耿翁墓表

乾隆丙申春,予舘於翁里,翁之子若孫皆來學焉。予觀翁寬和篤寔,與物無忤,有長者風,每甚重之,因聯姻□。厥後予歸也,而翁以捐舘聞,□念昔情好,不禁悵然若失矣。翁諱玉崇,字昌隆,享壽七十三歲。元配夫人張氏享壽六十歲。先翁□生□女一人,丈□子三人,長世全、次世道、三世永,即從予遊者。孫三人,其長孫天定爲予婿,並從學焉。翁家世居陽邑之河口都胡市局村,先世以來皆稱厚德,继配夫人程氏尚犹在堂。惟翁性尤至孝,勤儉持身,寬容待衆,迄今子孫振振,一堂濟美,皆能成立,未必□翁□德所致也。兹因長子世全欲爲翁□石墓前,囑文於予。予自念知翁頗悉,且感舊好,因據寔表之,以垂不朽云。

邑庠生姻□姪閆本敬拜撰

清故顯考耿翁諱正崇字昌隆妣張氏程氏之墓

耿世道　□氏　孫男耿天定　閆氏

耿世全　□氏　□氏　孫男耿天佑　耿□□　耿三□

耿世永　□氏　孫男耿天□

計開盧家坪墳地前後上下壹連共地□□□

大清乾隆五十五年歲次庚戌七月十五

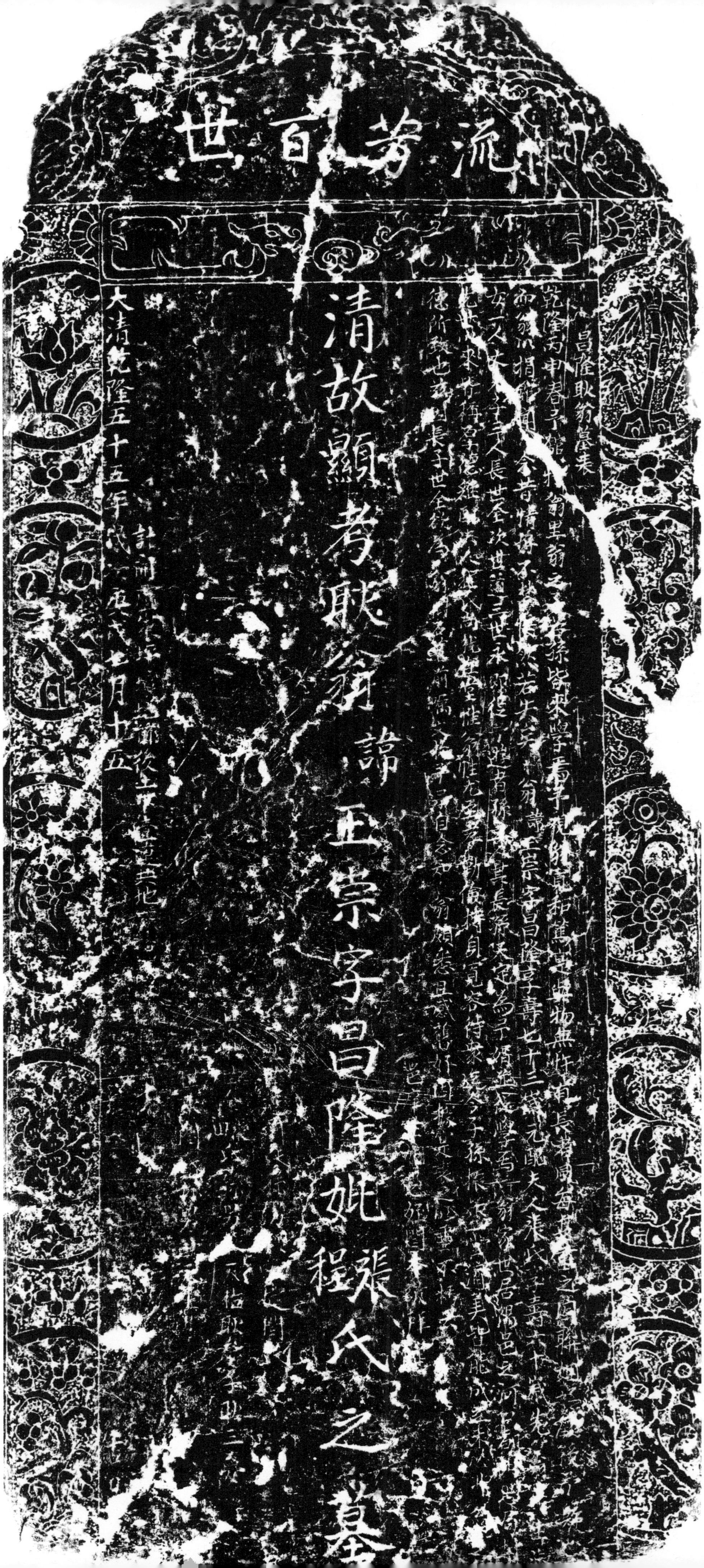
流芳百世
清故顯考耿翁諱玉崇字昌隆妣張氏程氏之墓
大清乾隆五十五年

西沟关夫子龙王庙碑记

【简介】

清乾隆五十七年（1792）勒石。今存古交市五龙庙内。碑高130、宽64、厚17厘米。青石质，圆首方座，额题“皇帝万岁”、“碑记”6字。武尔变撰文，赵万龄书丹。碑文间有剥蚀。

【碑文】

関夫子龍王碑記

余嘗聞：西邑爲故趾之基，廟宇爲先祖之舍，咸自此先祖之功德也。自吾見之要，皆神靈之所感焉。今日者，風雨敝壞，積久凋殘，蓋嘗有志焉而未逮也。况乎境地編小，人户貧富，難欲答神恩，亦限於無可如何。已而殿宇輝煌，樂楼高峻成矣，□曰成矣？嗚呼噫嘻，伊誰之力哉？或曰四方之功德也，而四方不敢代其善；或曰一邑之勤勞也，而一邑不收施其勞。問之鳩工，鳩工不自以爲功；問之総理，総理亦忘其由來。吾於是而歸之神靈之中者。

邑庠生武爾變頓首敬撰

趙萬齡書

趙漢明同居施艮九兩　趙漢英施艮四兩五錢　趙漢俊施艮四兩　孫□□施艮三兩　王□昌施艮二兩八錢　侯宏□施艮二兩　侯宏府施艮一兩六錢　□堯施艮一兩五錢　□萬□施艮一兩五錢　武廣法施艮一兩四錢　侯□□施艮一兩　李元庫施艮一兩　李□明施艮八錢　李正實施艮六錢　趙□□施艮六錢　侯□明施艮六錢　□□□施艮六錢　李□明施艮六錢　趙□銀施艮五錢　同義号施艮五錢　文水縣□谷庄村王□綸施艮二千九百六十文　王富昌施艮五錢　李禹施艮五錢　李唐施艮五錢　王坐昌施艮五錢　清原縣王太明施艮五錢　大同府周喜施艮四錢　閆喜業施艮四錢　李鳳施艮四錢　武木周施艮四錢　刘喜施艮四錢　王□□施艮四錢　武的□施艮四錢　武木朝施艮三錢　武作堯施艮三錢　李斌施艮三錢　侯宏銀施艮三錢　李威施艮三錢　王朝昌施艮三錢　王国昌施艮三錢　王□伸施艮三錢　李全文施艮三錢　和有富施艮三錢　侯宏傑施艮三錢　李舜施艮三錢　□□英施艮三錢　陽曲縣周海□施艮三錢　康成厚施銀二錢　馬成貴施艮二錢　祁縣李元成施艮二錢　李全鳳施錢一百文　任見金施艮一錢　□□村糾首孫上進施艮三錢　孫上□施艮三錢　孫上蘭施艮三錢　陳子武施艮三錢　孫一緒施艮三錢　張生萬施艮三錢　孫繡施艮二錢　馬在□施艮二錢　□□□施艮二錢　□家溝村武□苗施艮二兩　武萬仁施艮八錢　胡文通施艮二錢　康文英施錢一百文　白道頭村糾首闫的盛施艮三錢　武玉雄施艮二錢　武的威施艮五錢　武的虎施艮三錢　武禄厚施艮二錢　武應傑施艮二錢　南家山村糾首武應讓施艮二錢　武應碧施艮一錢　武孟愛施艮一錢　合村施艮一兩

泥匠　趙生珎　弟子郝彦明　吕明生施艮二兩

木匠　耿孝武　弟子楊成子　耿義明施艮一兩

文水縣瓦匠　成玉照施艮五錢

崞縣石匠　張尔同　張全同　張全福

大清乾隆五十七年乙巳月重修敬刊　共合外村施銀壹百廿六兩三錢　本村共合施銀四拾五兩八錢

碑記
皇帝萬歲

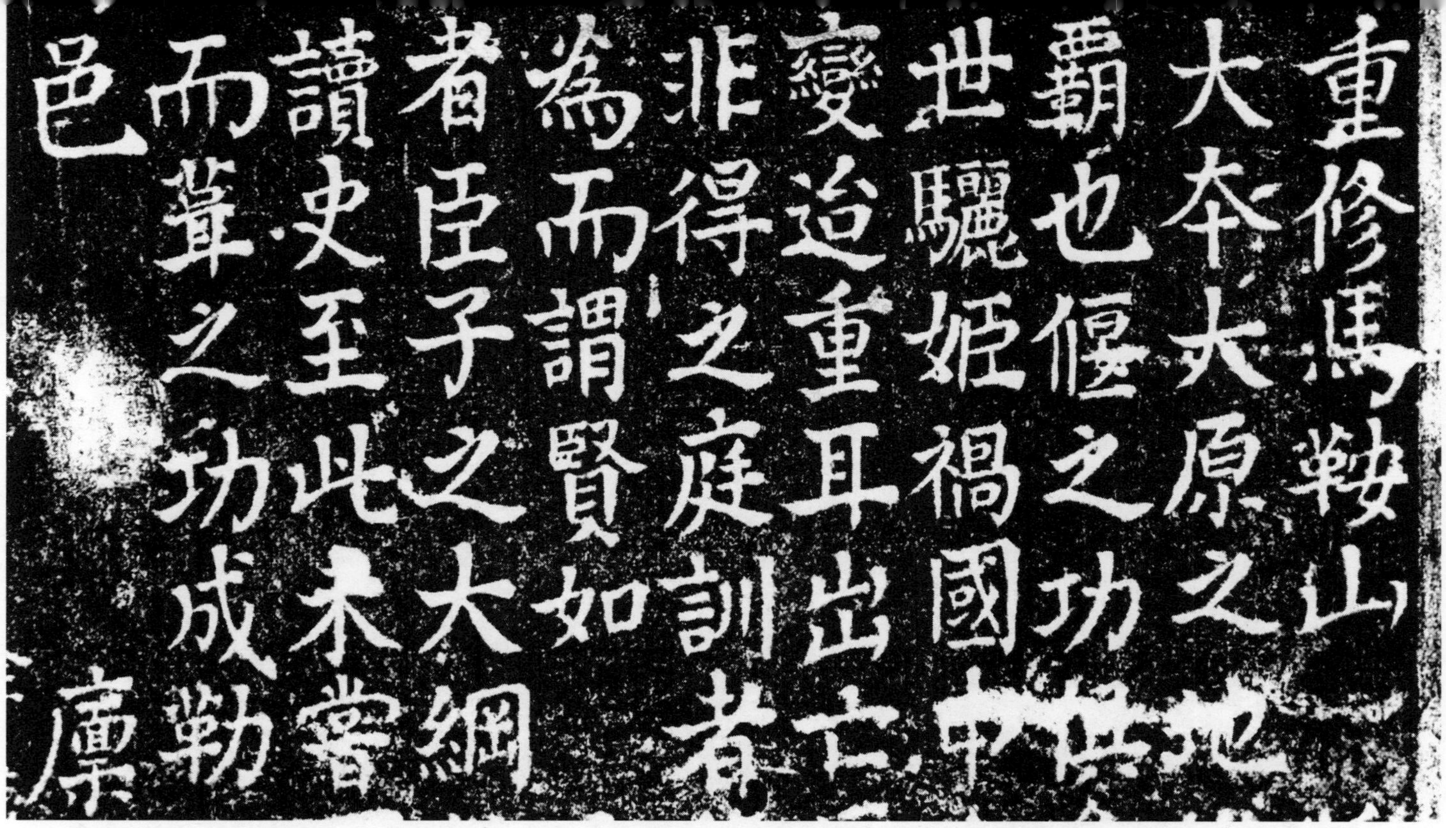

重修马鞍山狐爷庙碑记

【简介】

清乾隆五十七年(1792)勒石。原存古交市马鞍山狐爷庙内。2004年新建狐爷庙,将碑移入新庙中。碑高136、宽65、厚15厘米。青沙石质,圆首方座。碑断为两截,剥蚀较严重。

【碑文】

重修馬鞍山狐爺廟碑記

天下大本大原之地,惟其身歷變故而不容有二心,是故聖人之功也直。昔齊桓之霸也,仲之力甚大;文之霸也,偃之功俱多。□偃之所以謀相亡人,建立勳猷,遠出於趙衰、先軫上者,父教之忠異乎人也。公之世,驪姬禍國,申生惟不念伯氏之言,遂及於難。當此時,里克、旬息互相争長,而公也秉道,自持立不變。追重耳出亡,偃也追隨十九年,羈旅誠懇,無有二心,親其仁親一語,粹然儒者之言。聖門尚□録之,非得之庭訓者能乎?然則偃之委贄重耳,父寔命之。而後召之使還,是使其子懷二心矣,雖稍知者□爲,而謂賢如公者爲之耶?孔子云:“志士仁人,無求生以□仁,有殺身以成仁。”公其有焉。蓋不其心者臣子之大綱,教子不二者父道之極,則其所以振綱□紀者,至今照耀史册間,殆與日月争光。余也讀史至此,未當不慨然想見其爲人。適馬鞍山其上有□,而廟□□□,心竊碁之,□值風雨傾圮,人嗣而葺之。功成勒石,屬余作序。余固樂序之,以表其忠,用以愧萬□□□□臣懷二心□。

邑廩膳生員□□□誌

総經理人　徐茂盛　張宗舜　常共範　徐澤遠　游進忠　郝之棟　張功　蘇海□　張大有　張□榮

買□人　李子□

陰陽　常永寧

玉工　□□□

木匠　□寧　□德學

泥水匠　徐茂遠　□□□

□□　康廣禄　直三法

僧人　□安

□□　□有謨

大清乾隆五十七年歲次壬子穀旦

永垂不朽
重修馬鞍山狐
天下大本大原之地惟身歷變故而不容有二心是故聖人之游也直晉齊桓之霸也仲之力其大
文之霸也偃之功俱多偃之所以能相亡人建立勳猷遠出於趙衰先軫上者父教之忠異乎人
之世驪姬禍國申生不忘伯氏之言遂及於難當此時里克荀息互相爭長而公也東道自持
不變迨重耳出亡偃也追隨十九年羈旅誠懇無有二心翊其仁親一語粹然儒者之言聖門尚
之非得之庭訓者能然則偃之委贄重耳父莫命之而從之使還是使其子懷二心矣雖
者為而謂賢如公者為之耶孔子云志士仁人無求生以害仁有殺身以成仁公其有焉蓋不
其心者臣子之大綱教子不二者父道之極則其所以振綱常者至今炳耀史冊皆與日月爭
余也讀史至此未嘗不然想見其為人適馬鞍山其上有而廟心竊慕之值風雨傾
人嗣而葺之功成勒石余作序余固樂序之以表其忠用以愧臣挾二心者
邑庠膳生員誌
總經理人
徐茂成 張宗舜 常洪範 徐澤遠 游進忠 郝之棟 張功 蘇海 張大有 張榮
常永寧 曹三法 康廣祿
木匠
泥匠
大清乾隆五十七年歲次壬子

新建山神庙修路碑记

【简介】

清嘉庆十年(1805)七月勒石。今存古交市西仙洞三教寺遗址。碑高115、宽66、厚13厘米。青石质,无座。薛文簿撰文,阴海秀书丹。碑已断为两截,字略有剥蚀。

【碑文】

新建山神庙修路碑記

嘗聞道途平坦,討稱如砥之安;街巷嶔崎,每致路岐之□。況此閭里之孔道,猶爲徃來之要衝。今如獅子河石窰平新建山神庙宇,前後石峽,途傾路陷,石罅泥濘,春霖秋潦,行人每踟躇而不前,雨漲洪流,過客常咨嗟而不已。乃有洞溝村房登高先見,欲興工補砌,獨力難成,募化十方,以平崎嶇,庶使履道坦坦,旅人不慮巖墻之危,牲靈亦免顛連之患,人安物妥。事功之急,莫大於此。孰知功虧一簣,半途而亡也。胞弟登高、登陞,但念莫爲之前,後無所継,莫爲之後,善無復彰,将此功完告竣,勒請石碑。凡施艮之人以及經理之士,流芳百世,永垂千載,以昭將來之鑒观耳。

本邑貢生薛文簿撰

陰海秀書

泥匠　王之雄

玉工　侯福山　侯萬山

募化經理房登高　弟登陞　男永謨　永烈　永連　永國　永占　永昌　永安施艮貳兩

經理張付閏　弟付湯　付洛　元子　奴子　男□□子　世子　二小子　補三子施艮一兩

扶碑主陰生廷　男海奇　海照　海珠　孫男士有　士龍　士在　士月　士明施艮貳兩　扶碑主薛継科　男成銀　用子　二歃子　二用子　三小子施錢一千文　扶碑主陰的奇　男天井施錢一千文　扶碑主房景□　男登礼施錢一千文　合成号施艮一兩　王履中施艮一兩　曺亮清施艮□兩　陰建珍施艮□兩　萬亨當施艮八錢　房景魁施艮一兩　房景蘭施艮一兩　李金柱施錢六百文　房景盛施錢五百文　陰建貴施艮五錢　恒盛号施艮五錢　賈国成施艮五錢　三和□施艮五錢　李的堯施艮五錢　永昇号施艮五錢　武玉光施艮五錢　刘生浪施艮五錢　萬成号施艮五錢　萬泉号施艮五錢　泉盛号施艮五錢

大清嘉慶十年七月十九日立

萬古千秋
月
日
新建山神廟修路碑記
大清嘉慶十年七月十九日立

西仙洞碑记

【简介】

清嘉庆十年（1805）七月勒石。今存古交市西仙洞三教寺遗址。碑高168、宽71、厚16厘米。青石质，无座。阴海秀书丹。

【碑文】

盧川西北皆山也。羊腸、馬鞍、吕梁而外，卦山、西仙洞林巒最美。卦山近城邑，騷人學士常徘徊其間，以寄勝□，故稱佳境焉。西仙洞僻在荒徼，乃人跡罕到之區也。然以余觀之，此地有懸崖絶壁，幽窒深谷，三教寺踞峭壁之上，下□無地；七郎像塑石額之間，上出重霄。又有蒼松萬千，掩映左右，固較之卦山焉，尤勝者也。是七郎神者，説者謂是唐初一隱君子坐化於兹。然耶？否耶？姑不具論。獨是每當亢旱之時，民人祈禱，罔不靈應，所以乘肩輿而四出，不僅享境内之禋祀也。又思山徑盤曲，登探者以爲嘆，因卜地於谷之北，另建歇馬殿一所，壯麗雖不及洞上，然亦足以妥神靈而□人望。□□是代遠年湮，不無風雨漂摇之悲。歲在乙丑，議嗣而葺之。幸糾工者李成、房登高等朝夕非懈，探囊者慷慨樂施，不兩月而遂已告竣。夫莫爲之後，雖盛弗傳。是殿也，雖僻在荒陬，實爲神人所共賴。倘不有人焉，使廢者復興，則宫室臺榭，具蕪没於空山矣，豈非恨事哉？故誌之。

陰海秀書

大清嘉慶十年七月十九日立

李翁裕仁墓碑

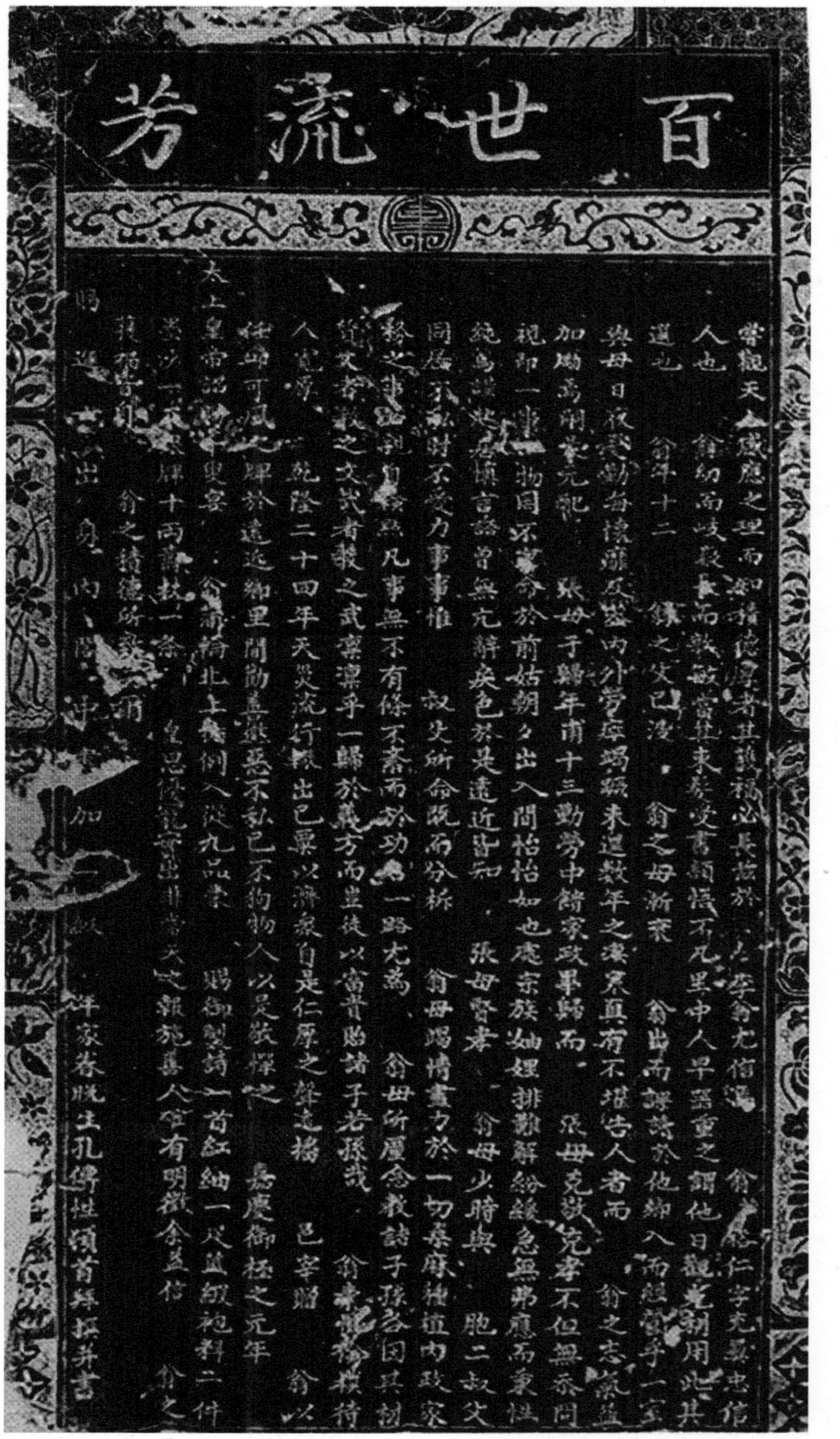

【简介】

清嘉庆十六年(1811)勒石。今存古交市常安乡东塔村李氏墓地。碑高132、宽63、厚23厘米。青石质,平首方座,额题“百世流芳”4字。孔傳性撰文并书丹。原碑文无题,今题为编者据碑文内容所拟。保存完好。

碑载墓主李尤信,因积善有德,嘉庆元年(1796)被太上皇帝(即乾隆皇帝)诏赐千叟宴,循列入从九品,赐御制诗1首,红绸1疋,蓝缎袍料2件,墨沙1疋,银牌10两,寿杖1条。墓已被盗掘。

【碑文】

嘗觀天人感應之理,而知積德厚者,其獲福必長,玆於李翁尤信焉。翁諱裕仁,字充彝,忠信人也。翁幼而岐嶷,長而敦敏,當其束髮受書,穎悟不凡,里中人早器重之,謂他日觀光利用此其選也。翁年十二,翁之父已歿,翁之母漸衰,翁出而課讀於他鄉,入而經營乎一室,與母日夜憂勤,每懷靡及。然内外勞瘁竭蹶,未遑數年之凄寒,真有不堪告人者,而翁之志氣益加勵焉。嗣是元配張母于歸,年甫十三,勤勞中饋,家政畢歸。而張母克敬克孝,不但無忝問視,即一事一物,罔不禀命於前姑,朝夕出入間怡怡如也。處宗族妯娌,排難解紛,緩急無弗應。而秉性純篤,謹起居,慎言語,曾無亢辭戾色,於是遠近皆知張母賢孝。翁母少時與胞二叔父同居,不私財,不愛力,事事惟叔父所命。既而分析,翁母竭情盡力於一切桑麻種植,内政家務之事必親自檢點,凡事無不有條不紊。而於功名一路,尤爲翁母所廑念。教諸子孫,各因其材質,文者教之文,武者教之武,凛凛乎一歸於義方,而豈徒以富貴貽諸子若孫哉? 翁素性儉樸,待人寬厚。乾隆二十四年天災流行,輒出己粟以濟衆。自是仁厚之聲遠播,邑宰贈翁以“任卹可風”之碑。於遠近鄉里間,勸善懲惡,不私己不狥物,人以是敬憚之。嘉慶御極之元年,太上皇帝詔賜千叟宴,翁蒲輪北上,循例入從九品,蒙賜御製詩一首,紅紬一疋,藍緞袍料二件,墨沙一疋,銀牌十兩,壽杖一条。皇恩優寵,實出非常,天之報施善人,確有明徵。余益信翁之獲福皆自翁之積德所致云爾。

賜進士出身内閣中書加一級年家眷晚生孔傅性頓首拜撰并書

嘉慶十六年歲次辛未孟冬穀旦

康骑尉天开寿域碑记

【简介】

清嘉庆十八年（1813）六月勒石。碑高130、宽55、厚12厘米。额题“克昌厥后”4字。保存完好。

墓主康大成，李家社人，武举出身，官居千总。墓区呈长方形，外有围墙，占地约2500平方米，修有四柱三门石碑坊，墓穴顶为砖券仿木结构，中间嵌青石墓碑。

【碑文】

天開壽域

龍飛嘉慶十八年歲次癸酉夏六月上澣之吉

重修庙宇碑序

【简介】

清嘉庆十九年(1814)勒石。今存古交市桃园街道办事处郝家庄村龙王庙。碑高132、宽57、厚12.5厘米。青石质,圆首方座。武光先撰并书,武继昌书,张怀元、姚种玉镌刻。保存完好。

【碑文】

重修廟宇碑序

恭惟龍神入海飛天,變化之妙莫測;出雲降雨,潤澤之功無疆。故自王畿侯國以及鄉黨州閭莫不立廟,藉以棲神靈,明祀事焉。余郝家庄居陽邑之西山,大川都口村之西南,舊建龍王廟一所,村人禱雨,沛然而應。奈歷年久遠,風霜雨露之飄零,棟宇垣墉之傾圮,昔日壯盛有不可復覩者。壬申秋,歲頗豐稔,闔村公議重修,悉如願焉。越明年,經理者有人,募化者有人。鳩工庀材,增新易舊,既起造其正殿、南臺,復綵畫其神形聖像,兼之鐘鼓二樓與東面禪房,西面石窑,措置得宜,黝堊生色,無侈前規,無廢後觀,惟清惟浄,以肅以嚴。事起於癸酉春初,迄甲戌仲夏而告竣,共費銀七百兩零。衆皆欲垂不朽,以序属余。余不敏,僅以俚言數行,並捐輸姓名勒諸貞珉。庶一時之盛舉,不至久而遂忘也。是爲序。

邑庠生武光先頓首拜撰并書

邑庠生武繼昌敬書

功德王門牛氏　男秀周　秀舉　秀國　孫男滿戰　滿敬　滿忠　二閏子　八保子施銀五兩　糾首功德耆賓武尚書　侄男庠生光先　男榮邦　榮國　侄孫尊年　尊齡　孫男尊仁　尊義　侄曾孫師昌施銀十九兩　糾首牛生清　侄男有選　萬山　寶山　錦山　有印　男有山　侄孫問義　問礼　□子　二娃　書子　禄子　三娃　侄曾孫大海　二海施銀十四兩　糾首功德康滿桂　侄男作文　作儒　男作祥　作明　作瑞　孫男全禄　全真　全德施銀十五兩　糾首功德主康滿明　弟滿榮　男重儒　重士　侄重俊　重傑　孫男芝蘭施銀十兩　功德牛圖蘭　男牧山　牧世　孫男學成施銀八兩　糾首康俊仁　侄男元成　男元海　元金　孫男開章施銀七兩五錢　糾首牛生業　弟生廣　男發陞　發昌施銀六兩　糾首王生周　男永泰施銀五兩

崞縣石匠　張懷元　姚種玉施銀五錢

大清嘉慶拾玖年歲次甲戌仲夏日吉日立

重修廟宇碑序　恭惟
龍神入海飛天變化之妙莫測出雲降雨潤澤之功無疆自□幾護國以及鄉黨州閭莫不立
廟藉以棲神靈明化事焉兮郝家庄居陽邑之西山大川都口村之西向建
龍王廟一所村人祷雨沛然而應奈歷年久遠風霜雨露之飄零棟宇垣墉之傾圮昔日壯盛有
不可復觀者壬申秋歲頗豐稔闔村公議重修悉知頹焉越明年經理者有人募化者有人
鳩工庀材增新易舊既起造其正殿南臺復絲畫其神形聖像前之鐘鼓二樓與東西
禪房西面石窯措置得宜黝堊生色無後前規無廢後觀惟清惟淨以肅以嚴事起於癸酉
春初迄甲戌仲夏而告竣共費銀七百兩次象皆欲垂不朽以序屬余不敢當以俚言數
行並捐輸姓名勒諸貞珉庶一時之盛舉不至冺而遂忘也是為序
邑庠生武光先頓首拜撰并書
邑庠生武紹昌敬書
糾首牛生清侄男有進萬山寶山錦山有印男有山
糾首功德康滿桂侄男作文作儒男作祥作明作瑞
糾首功德康滿明弟滿榮男重儒重士侄重俊重傑孫男□蘭施銀十兩
功德牛國□男牧山牧世孫男學成施銀八兩
糾首康俊仁侄男元成男元海元金孫男開章施銀七兩五分
糾首牛生業弟生廣男發陞發昌施銀六兩
糾首王生周男永泰施銀五兩
大清嘉慶拾玖年歲次甲戌仲夏月吉日　立

重修廟宇碑序　恭惟
入海飛天變化之妙莫測出雲降雨
廟藉以棲　神靈明祀事焉　命郝家
廟一所村人禱雨沛然而應奈歷年
不可復覩者壬申秋歲頗豐稔闔村
鳩工庀材增新易舊既起造其正殿
禪房西面石窰措置得宜黝堊生色
春初迄甲戌仲夏而告竣共費銀七
行並捐輸姓名勒諸貞珉庶二時之
邑庠生武光先頓首拜撰并

重修龙王庙碑记(二)

【简介】

清嘉庆二十年(1815)勒石。今存古交市河口镇崖头村龙王庙内。碑高175、宽77、厚17厘米。圆首,额题“千古常存”4字。闫士龙撰文,张守侗书丹。

【碑文】

重修龍王廟碑記

陽邑王封都崖頭村,舊有龍王廟,以爲祈報之所。歷年久遠,棟宇傾頽,村人合議重修。開工於嘉慶十八年八月,告成於二十年七月。一切殿廷、廊廡、樂臺、山門焕然可觀,而龍王神像尤金碧輝煌焉。共費錢四十餘萬文。村人不敢忘衆之功德,並冀夫後之加意修葺者,是爲記。

陽邑河口都廪生閆士龍謹撰

本村張守侗書　施錢一千五百八十五文

総理人　張守刚施錢五千令九十五文　張福深施錢七千二百六十五文　張家貴施錢二千七百五十五文

副理人　張天佑施錢一千一百八十文　張□□施錢二千八百九十文　張守□施錢三千八百三十五文

舍地主　張守倉地基五尺寬八丈長　子張福普舍門把一付施錢二千七百五十文　張學棟地基一分銀五錢

舍石人　張應元施錢七千令五十文　張□安施錢一千令九十文　張□成施錢二千□百八十五文

扶樑主　張行□施銀五兩　張福來施銀三兩

扶碑主　張□平施銀三兩　張□長施銀三兩

堪錢主　張福熙施銀一十六兩　張守廉施錢七千二百五十五文

本村施錢人　張福通施錢七千一百六十五文　張福達施錢五千令九十五文　張継荣施錢五千令九十五文　張福遠施錢四千二百八十五文　張守節施錢五千九百七十文　張守稳施錢三千六百一十文　張天順施錢三千四百七十五文　張守坐施錢三千二百五十文　張月寬施錢三千一百六十文　張守居施錢二千八百文　張守官施錢二千八百一十文　張問法施錢二千令八十文　張進法施錢一千九百九十文　張永□施錢一千六百文　張福厚施錢一千六百文　張永山施錢一千二百二十五文　張福虎施銀五錢　張万定施錢一千一百八十文　張永宝施錢一千令九十文　張問銀施錢一千令九十文　張守約施錢一千文　張學約施錢一千文　張問□施錢一千文　張福全施錢一千文　張福星施錢一千文　張継有施錢一千文　張安宝施錢五百文　張天明施錢四錢　募化錢二千文　張進的一兩　募化錢四千八百　張福相五錢　募化錢□千八百　張發財一兩　石玉福一兩　石玉禄一兩　康士全五錢　西山泉庄施艮　鍾世山艮一兩　鍾志山錢三百　鍾志林錢二百　張滿元錢五百　常進興錢五百　許治安錢三百　閆德俊錢三百　徐成昌錢四百　徐□陽錢二百　范文如錢六百　張□明錢三百　閆克斌艮二兩　蘇生祥艮一兩　蘇□□艮一兩　張美云一兩　蘇生成錢五百　游學孝錢五百　王錦付艮五錢　大興□号錢五百　閆廣聪錢五百　趙立正艮三錢　閆克同艮五錢　閆克□艮三錢　□元庄錢五百　武立錢五百　胡印殿錢五百

木工人　刘生太

画工人　王宗福　張世順

券匠　張□仲施銀五錢

陰陽　李大深施銀二錢

僧人　原昌

善友　張天官

大清嘉慶二十年歲次乙亥七月吉日立

重修龍王廟碑記

陽邑王封都崖頭村舊有龍王廟以爲祈報之所歷年久遠棟宇傾頹村人合議重修開工於嘉慶十八年[illegible]月告成於二十年七月一切殿廷廊廡樂臺山門煥然可觀而龍王神像尤金碧輝煌焉共費錢四十餘萬文村人不敢忘衆之功德並異夫後之加意修葺者是爲記

陽邑河口都廪生閆士龍謹撰

本村張守侗書 施錢一千五百八十五文

總理人 張守剛施錢五千零九十五文 張福深施錢七千二百六十五文 張永貴施錢二千七百五十五文

副理人 張[illegible]施錢[illegible]百八十文 張[illegible]門施錢二千八百九十文 [illegible]施錢三千八百三十五文

合地主 張[illegible]合地基五尺寬八丈長 張子張福晉舍門把一付施錢二千七百五[illegible]文 張予標地基一分銀五分

合石人 [illegible]元施錢七千零五十[illegible] [illegible]安施錢一千零九十[illegible] 張門成施錢二千[illegible]百八十五文

扶主 張[illegible]施銀五兩 撐主 張福[illegible]施銀三兩 扶主 [illegible]施銀三兩 碑主 [illegible]施銀三兩

大清嘉慶二十年歲次乙亥七月吉日

本村施錢人

堪主 張福熙施銀一十六兩 張守廉施錢七千二百五十五文

張福鏜施小七千一百六十五文 張福達施小五千零九十五文 張繼宗施小五千零九十五文 張福遠施小四千二百八十五文 張守節施小五千九百七十文 張[illegible]德施小三千六百一十文 張天順施小三千四百七十五文 張守坐施小三千二百五十文 張月寬施小三千一百六十文 張守居施小二千八百文 張守官施小二千八百一十文 張問法施小二千零八十文 張進法施小一千九百九十文 張永楼施小一千六百文 張福[illegible]施小一千六百文 張福[illegible]施小一千二百七十文 張永正施小一千二百二十五文

[illegible]

立

山头村修葺十王庙及移建黄龙宫山神土地祠碑记

【简介】

清嘉庆二十二年（1817）勒石。现存古交市镇城底镇山头村庙院内。碑高160、宽64、厚15厘米。沙石质，圆首，额题“皇帝万岁”4字。碑文无题，题目为编者据碑文所拟。郝永清、郝辉光撰文并书丹。

【碑文】

嘗觀《詩》載“作廟之訓，禮垂祭祀”之文，夫固以敬恭明神，宜無悔怒者然也。山頭村中舊有十王廟，而村之西南又有黄龍宫與山神、土地祠。創建以來，正殿、廊房以及山門、鐘鼓、樂樓，罔弗壯麗。但歷年久遠，風雨漂摇，遂皆漸次傾圮矣。爰是村衆公議脩葺，各捐貲財。又恐其獨力難成也，均效奔馳，同心募化。舉殿宇之在村西南者，俱移立於村中焉。工竣之日，丹楹翠棟較往□而輝煌，玉壁銀階至今兹而美備，斯不亦一鄉之巨觀也哉！今將布施、辛勞勒諸貞珉，俾後之人相傳勿替云。

生員郝永清　監生郝輝光撰書

総經理　郝敦化錢五千文　郝敦恭錢二千四百文　糾首王守基錢二十五千文　糾首郝敦通錢十千文　糾首郝敦合錢十千文　糾首郝敦文錢六千文　糾首郝際□錢六千文　糾首郝敦照錢五千文　糾首郝敦實錢四千文　糾首郝永賢錢二千文　糾首郝敦貞錢一千文　生員郝永清錢五千文加□百　郝敦柱錢五千文　郝敦金錢四千文　郝敦□錢四千文　郝敦書錢四千文　郝敦喜錢四千文　郝廷秀錢四千文　郝光□錢四千文　郝際良錢二千七百文　郝敦有錢三千文　生員郝際唐錢二千四百文　郝敦惠錢二千文　郝敦□錢二千文　郝敦定錢二千文　王承統錢二千文　郝廷壽錢二千文　郝照光錢二千文　郝□柱錢二千文　郝敦仕錢一千六百文　郝俊哲錢一千六百文　郝□福錢一千六百文　郝保信錢一千文　郝□□錢一千文　郝敦□錢一千文　生員郝慶□錢一千文　郝開春錢一千文　郝際興錢一千文　郝成禄錢八百文　郝忠□錢八百文　郝□富錢八百文　郝敦舉錢八百文　郝敦勝錢八百文　郝際□錢八百文　郝□□錢八百文　郝永富錢八百文　郝廷□錢八百文　王建賢錢八百文　郝廷幹錢七百文　郝廷弼錢七百文　郝敦城錢五百文　郝敦武錢五百文　郝敦山錢五百文　郝□昌錢五百文　郝敦干錢四百文　郝□成錢四百文　郝□清錢四百文　郝廷柱錢四百文　郝廷號錢四百文　郝敦直錢三百文　郝敦壮錢三百文　王守明錢三百文　郝□□錢三百文　郝廷廣錢二百文　王萬□錢二百文　郝敦善錢一百文

石匠　南海長艮二錢

木匠　郝敦有　武的柱

泥匠　郝敦惠施艮二錢　郭正

畫匠　賀儒喜艮五錢

鐵匠　閻仕成

瓦匠　郭子發艮二錢

大清嘉慶貳拾貳年歲次丁丑應鍾月穀旦立

皇帝萬歲
遵詩裁作廟之訓禮垂祭祀之文夫固以敬恭明神宜無悔恐者然也山頭村中舊有十王廟而村之西古有黃龍宮
與山神土地祠創建以來正殿廊房以及山門鐘鼓樂樓圖弗壯麗但歷年久遠風雨漂摇
葺各捐貲財又恐其獨力難成也均效奔馳同心募化舉穀字之在村西南者俱移立於村中
煌玉堊銀瑞至今兹而美備斯不亦一鄉之巨觀也哉今将布施辛勞鉍諸貞珉俾後之人相繼勿替云
大清嘉慶貳拾弍年歲次丁丑應鍾月穀旦 立

山头村建圣母庙财神庙碑记

【简介】

清道光元年（1821）勒石。今存古交市镇城底镇山头村龙王庙内。碑高122、宽54、厚15厘米。青石质，圆首方座，额题“永垂不朽”4字。原碑无题，题目为编者据碑文所拟。郝际唐撰文，郝中□书丹。

【碑文】

萬物何以資生？端賴坤元之德。民生何以克遂？實□福禄之司。以故神道設教，聖母在所必先；對越在天，吉星列於祀典，所由來遠矣。山頭村舊址有十王、龍王及山神諸廟，嘉慶己卯，始於廟堂東北維□□□母廟二間，財神廟一間，各塑聖像數尊，以期綿瓜瓞而阜財用，肅拜跪而壯觀瞻。夫□□非遠，於人□者也。工既竣，將布施姓名勒石，以誌不朽云。

庠生郝際唐撰　居士郝中□書

總經理郝永賢錢貳仟文　郝際虞錢叁仟文　糾首郝敦有錢玖仟文　登仕郎郝敦化錢五仟文　登仕郎王守基錢伍仟文　登仕郎郝敦道錢叁仟貳伯文　糾首郝敦□錢貳仟伍伯文　糾首郝敦□錢壹仟壹伯文　郝敦柱錢貳仟□伯文　郝光耀錢貳仟文　郝敦蒼錢壹仟玖伯文　郝際□錢壹仟捌伯文　郝敦恭錢壹仟伍伯文　郝敦合錢壹仟肆伯文　郝敦實錢壹仟叁伯文　郝玉柱錢壹仟叁伯文　郝賜福錢壹仟叁伯文　郝永清錢壹仟貳伯文　郝敦□錢壹仟貳伯文　郝□光錢壹仟貳伯文　郝□□錢壹仟壹伯文　郝光□錢壹仟壹伯文　郝廷壽錢壹仟文　郝□光錢壹仟文　郝廷□錢捌伯叁拾文　郝廷和錢捌伯文　郝成禄錢捌伯文　郝敦敏錢捌伯文　郝敦金錢柒伯文　郝敦貞錢陸伯文　王建賢錢伍伯文　郝敦千錢肆伯文　郝敦□錢肆伯文　郝敦□錢肆伯文　郝敦勝錢肆伯文　郝敦□錢肆伯文　郝敦□錢肆伯文　生員郝際唐錢肆伯文　郝□光錢肆伯文　郝□□錢肆伯文　郝□昌錢肆伯文　郝玉月錢叁伯文　郝敦山錢叁伯文　郝廷柱錢叁伯文　郝廷□錢叁伯文　郝廷弼錢叁伯文　郝□□錢□伯文　郝忠士錢貳伯文　□□□錢貳伯文　郝敦□錢貳伯文　郝敦善錢貳伯文　郝敦□錢貳伯文　郝敦□錢貳伯文　王□□錢貳伯文　郝際清錢貳伯文　生員郝錦雲錢貳伯文　廩生郝慶雲錢貳伯文　郝開春錢貳伯文　郝□□錢貳伯文　郝開成錢壹伯陸拾文　王萬庫錢壹伯陸拾文　郝□□錢壹伯陸拾文

鐵匠　□□□銀二錢

石匠　任昌貴銀一兩

木匠　郝敦有錢二伯

泥匠　郝敦惠銀二錢

畫匠　賀儒喜銀伍錢

大清道光元年歲在辛己仲夏吉日立

永垂不朽
大清道光元年歲在辛巳仲夏吉日
立

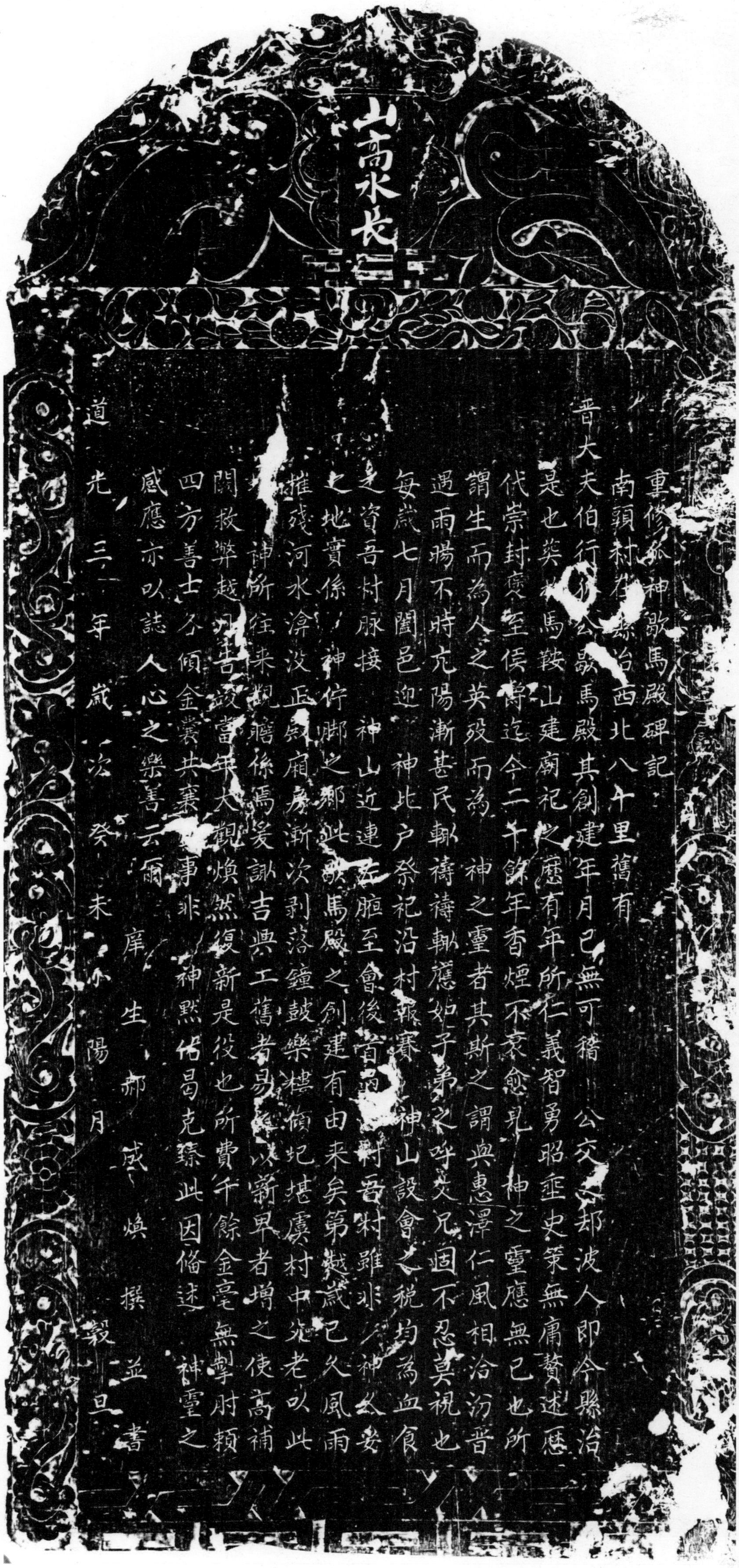

重修狐神歇马殿碑记

【简介】

清道光三年（1823）勒石。今存古交市常安乡南头村狐神庙歇马殿。碑高140、宽65、厚17厘米。青石质，圆首方座，额题“山高水长”4字。郝成焕撰文并书丹。保存基本完好。

【碑文】

重修狐神歇馬殿碑記

南頭村在縣治西北八十里，舊有晋大夫伯行狐公歇馬殿。其創建年月，已無可稽。公交之郄波人，即今縣治是也，葬於馬鞍山，建廟祀之，歷有年所。仁義智勇，昭垂史策，無庸贅述。歷代崇封，褒至侯爵，迄今二千餘年香烟不衰，愈見神之靈應無已也。所謂生而爲人之英，殁而爲神之靈者，其斯之謂與？惠澤仁風，相洽汾晋，遇雨暘不時，亢陽漸甚，民輒禱，禱輒應，如子弟之呼父兄，固不忍莫視也。每歲七月，闔邑迎神，比户祭祀，沿村報賽，神山設會之税均爲血食之資。吾村脉接神山，近連左腋，至會後，首過□村。吾村雖非神久妥之地，實係神佇脚之鄉，此歇馬殿之創建有由來矣。第越歲已久，風雨摧殘，河水□没，正殿廂房漸次剥落，鐘鼓、樂樓傾圮堪虞。村中父老以此□神所往來觀瞻係焉，爰諏吉興工，舊者易之以新，卑者增之使高，補闕救弊，越月告竣，當年大觀焕然復新。是役也，所費千餘金亳無掣肘，賴四方善士各傾金囊，共襄盛事。非神默佑，曷克臻此？因備述神靈之感應，亦以誌人心之樂善云爾。

庠生郝成焕撰並書

道光三年歲次癸未小陽月穀旦

令三千餘年香煙不
而為神之靈者其
甚民輒禱禱輒應如
神北户祭祀沿村報
山近連[illegible]廟至會後

例授登仕郎轶群李公墓碑记

【简介】

清道光四年(1824)勒石。今存古交市东塔李氏墓群,墓主人为李翁尤信之子。碑高152、宽65、厚15厘米。平首方座,额篆书“孝思维斯”4字。成锡珽撰文并书丹。碑体基本完好。

【碑文】

例授登仕郎軼羣李公墓碑記

癸未之春,予公車北上。比返里,舘於東塔李翁家,始得悉其家世。甲申夏,翁之嗣君太學鳳山先生將勒石,□後而屬序於予。夫予詎足以知翁?雖然,亦自有所以知翁者。翁諱林鶴,字軼羣,昆弟五人,翁其次也。家素封,其先大父充彝公,值歲歉時曾出家所藏穀周其鄉里,活數百人。迨翁之世,家資日益饒。翁既饒於財而性尤嗜學。比長,偕其仲弟同出前輩進士映辰崔公門下,由是見聞日廣。應童子試,每縣府試,輒列前茅。學雖勤而窮於遇,其后蹶於童場者屢矣!而翁之志益勵,學益勤,不以得失形於色,讀書外兼習岐黄術,恒自製藥,餌活人無算。有謝之者,從不計其多寡,以故遠近皆稱爲長者云。比翁之捐館也,其嗣君鳳山年僅十二。配武太君亦靈川望族,于歸後事舅姑以孝聞,居恒理家政,事無鉅細,無不悉當翁之意,蓋温惠由於性生。家道之隆,太君内助之力爲尤多。翁生於乾隆十八年十二月初一日,卒於乾隆六十年五月十一日,享年四十有二。太君生於乾隆二十年正月廿八日,卒於乾隆六十年七月廿二日,享年四十。子女各一,子即今太學生名鳳山者也。然則予生也晚,雖不獲瞻翁之範,而猶幸升翁之堂。既與翁之孫鴻賓有通家誼,悉其家世而知翁之樂善如是,好學又如是,雖方諸古之隱君子,其又何多讓焉!《易》曰“積善餘慶”,《傳》曰“不於其身,於其子孫”。予一於翁之樂善好學卜之矣。是爲記。

例授文林郎候銓知縣辛巳恩科舉人通家晚學生成錫珽頓首拜撰并書

皇清道光四年歲次甲申孟夏穀旦

萬古維則

例授登仕郎軼羣李公墓碑記

癸未之春予公車北上比返且館於東塔李翁家始得悉其家世甲申夏翁之嗣君太學鳳山先生將勒石墓後而屬序於予夫予詎足以知翁雖然亦自有所以知翁者翁諱林鶴字軼羣昆弟五人翁其次也家素封恭兆太父究嶷公值歲歉時曾出家所藏穀周其鄉里活數百人迨翁之世家益饒翁既饒於財而性尤嗜學[illegible]長偕其仲弟同出前輩進士映辰崔公門下由是見聞日廣應童子試每縣試輒列前茅顧學雖勤而窮於遇其後輟於童塲者屢矣而翁之志益勵學益勤不以得失形於色讀書外兼習岐黃術恒自製藥餌活人無算有謝之者從不計其多寡以故遠近皆稱為長者云比翁之捐館也其嗣君鳳山年僅十歲武太君亦靈川望族于歸後事舅姑以孝聞居恒理家政事無鉅細無不悉當翁之意益溫惠由於性生家道[illegible]隆太君內助之力為尤多翁生於乾隆十八年十二月初一日卒於乾隆六十年五月十一日享年四十有二太君生於乾隆二十年正月廿八日卒於乾隆六十年七月廿二日享年四十子女各一子即今太學生名鳳山者也然鳳山生也晚雖不獲瞻翁之範而猶幸其翁之堂既與翁之孫鴻賓有通家[illegible]其家世而知翁之樂善如是好學又如是雖方諸古之隱君子其何[illegible]讓焉易曰積善餘慶傳曰不於其身於其子孫予一於翁之樂善好學卜之矣是為記。

例授文林郎候銓知縣辛巳恩科舉人通家晚學生成錫珽頓首拜撰并書

皇清道光四年歲次甲申孟夏　穀旦

西仙洞重修至圣真君庙碑记

【简介】

清道光七年（1827）八月勒石。今存古交市西仙洞三教寺遗址处。碑高178、宽66、厚15厘米。青石质，圆首无座，额题“皇帝万岁”4字。郝庆云撰文，阴雨润书丹。碑体有剥蚀。

【碑文】

西仙洞重修至聖真君廟碑記

洞以仙名，誌神異也，曷異乎爾？河北都獅子河有山焉，上生石洞，其蜿蜒盤曲，杳深無際，皆天造地設，而非人力之所能爲也。洞之名西也奈何？别乎東仙洞而言也。洞口微右棟宇輝煌者，真君廟也。真君者何在？《禮》：“有功德於民者，祀之。”神其有功德者也。功德何在？以方逢亢旱時輒禱之，故民之望神如望歲也。而神又最靈，有求必應，□在隣邑争逐祀焉。其澤之所被者安，而恩之所及者大也。旁有小樓、禪室，附於右也。據山門而入，首歷過庭，□天王殿也。南有樂樓，東則關帝廟也。其左建佛殿、三聖廟，養而思教，文武並重之義也。鐘、鼓二樓造於前後，門迎相對也。門以外，行不數武，三靈□廟焉。由此而前，則山神廟也。下歷新洞約二里許，有廟焕然者，歇馬殿也。殿何以名“歇馬”？神之行宫也。宫之右附以聖母廟，何平康而思裕後，情之所必至也。其南則樂臺，東有山神廟，西有禪舍。禪舍之西，又有□房二院，以爲會館、厨屋。此其大致也。創之何代？石刻無存，不能考也。康熙年間，幾經重修。以迄於今，百有餘歲，風雨剥蝕，漸即傾頹，見者傷心，理宜重葺。道光元年，四甲陰泰山首創義舉，會議數次，迄無成謀。乃向舊碑中查前次糾首姓名，訪明其後代何人等，復舉糾首。於是諸人以爲先人美□，義不容辭，協力同心，多方募化，鳩工集料，晝謀夕營。揭窑四十四間，仍舊制也；新造一十五間，補其缺也。共費貳仟叁佰餘金。蓋功程既大，什物尤難，以故用財多而需時久也。道光元年經營之日也，七年落成之日也。翬飛鳥翔，燦然一新。雖曰人力，實神之所佑也。夫層層石壁既聳崒嵂之形，密密松林復著葱蘢之衆。而且好鳥珍禽，飛□新□，奇葩異卉，羅列繽紛，此真足以壯觀瞻而妥神靈也。不有以記之，則葺修之始末與捐輸之姓名何以垂於後？故勒之橎珉，所以昭來許而示不朽也。

（因此處碑文漫漶不清，故功德主、糾首、佈施人員名單略）

屯蘭都庠生郝慶雲撰

本都天蔭陰雨潤薰沐書

道光七年仲秋吉立

重修鹤龄寺碑记

【简介】

清道光七年(1827)十月勒石。今存古交市马兰镇北社鹤龄寺遗址处。碑高160、宽60、厚18厘米。青沙石质,平首方座。碑文漫沥严重。马腾蛟撰文。

【碑文】

重修鶴齡寺碑記

今夫庶彙何以克昌?端賴乾坤之發育;民生何以能遂?寔由神靈之保全。以故作廟之訓垂於《詩》,祭祀之文著於《禮》,其所由□遠矣。北舍村舊有鶴齡寺,遥憶當年亦頗壯麗。但歷年久□,風雨漂摇,不免漸次傾圮焉。村衆目擊心傷,因有修葺之舉,既勤樸斫,又塗丹雘,所以肅安侑而壯觀瞻,綿瓜瓞而阜財用,夫故非遠於人情者也。余雕蟲小技,聊伸俚語,功竣之日,將布施辛勞勒諸貞珉,俾後之人相傳勿替云。

庠生馬騰蛟撰

經理糾首　馬洪長　□恩□　閆□健　馬在寔　王□根　馬在達　□志喜　王廷相　馬洪貴　王子福　馬洪成　王子明　閆守成　王子生　徐滿倉　下石溝登仕郎馬在昌　游□昌　□德宝　孫應業　郭大德　李芳春　馬通柱　馬雲光　武家坡雷秉舜　雷秉彝　雷秉明　雷秉寿　雷秉寧　端圪□張學□　武无潤　王有恩　張學順　□家溝何□順　馬□儒　王花□　馬洪□　梁兒上王維喜　王德熙　庄兒上趙□成　□在□　南舍村王□富　□學仁　郭大春　馬在州　郭治法

功德主　□□富錢壹佰伍拾千文还　雷秉舜錢捌拾千文还　馬洪儒錢□拾千文还　馬在□施艮四兩　閆□林施艮四兩　馬□貴施艮三兩　閆□□施艮三兩　游志喜施艮二兩　□志□施艮二兩　□□佑施艮二兩　馬在通施銀二兩　馬洪成施銀二兩　王守明施艮二兩　□□福施艮二兩　□□良施艮二兩　閆守成艮二兩　馬在□艮二兩　馬雲從艮二兩　閆□忠　王□□　王門游氏　游志欽　王子凌各施艮一兩五錢　王□□錢一千文　王□□艮乙兩二錢　王子□　王□務　王□□　王□□　王□□各施艮□兩　王三□　馬在□　馬雲龍　馬洪□　馬在荣　馬在花　馬在喜　徐滿倉　閆□□　閆□功　王子財　馬進□　刘正金　徐滿禄　徐滿元　徐保成　王□□　王子全　上各施艮七兩　刘永昌　游志名　馬在□　王□鵬　馬在文　馬在武　徐滿福　馬在□　武的□　各施艮七兩□錢　游志景　閆法静　游志興　□法太　□□□　馬洪昇　王廷有　王晏照　馬在印　以上各施錢五□文　徐□□錢五□文　王□□錢五□□　王□□錢□□□　□□□錢□□□　王□川錢□□□　王□□錢□□□　□志光□□□　□□□□□□□　王□□□□□□　馬□□□□□□　□□□□□□□　馬在光□□□□　馬如□錢□□□　武□喜□□□□　閆□□□□□□　閆□□□□□□　馬□□□□□□　馬興□□□□□……

大清道光七年歲次丁亥十月吉日立

住持僧人□□　門徒□□

重修鶴齡寺碑記
大清道光七年歲次丁亥十月吉日立

例赠修职郎龙公薛府君墓志铭

【简介】

清道光九年(1829)勒石。今存古交市加乐泉乡薛公墓地,嵌于碑楼之间。碑高125、宽52、厚8厘米。青石质,平首。儒学增广生员薛文忠撰文,薛梦熊书丹。牛文堃《府君拾金赞》诗和折锦元《救荒赞》诗附于墓志铭之后。碑裂为6块,字体损缺严重。

【志文】

例贈修職郎龍公薛府君墓誌銘

《書》有之“皇天無親,惟德是輔”。我□□□□□□密昭升□□□聞於下儘有馨香德,故天休滋至,□受多福。世居山鄉,由鎮城底遷於嘉樂泉,綏定厥家,保釐基□□□□□□年幼英姿特達,□□□遇尚艱,未暇肄業文墨,惟□□愛厥心藏,自身純,其藝黍稷而所實惟賢,常好與成年茂德者□□□□□訓于負劍咡詔問□□腆具慶,用孝養厥父母,□□□虧,往聖前賢,常引以爲重。年壯,益臻英烈,膽氣超群,敢前攖□□□□□□衆,剪伐幽林,開彊□□,□惟虎也逃匿,俾群黎無□□之憂,而申劃郊圻,致各家皆畋爾田。《禮》云:“貨惡其弃于地□。”□□以一人之智力,開之克成,厥勳德裕。乃身出入起居,罔有□□;立身制行,罔有□□。昊天眷佑,純嘏爾昌,而府君殊未□□席豐履厚自私也。時值凶荒,我府君散財發粟,大賚于山□,□□□功頌德,誰不悦服?一日者路經廟堂,拾遺金五拾兩,□□曰:“‘臨財毋苟得’,《禮》有明箴。矧身家性□未可量,若人何如□□□□□□□待放給之。”至是敦善行不怠,積累維持,紹先□□播、肯獲、肯堂、肯搆,建無窮之基,亦有無窮之□。微府君大□□天,曷克臻此?聞之□□能訓,惟以永年。府君年高德邵,□教子垂憲乃後,迄今子典孫由,府君舊典時式□乃祖□□□行承先業,寔賴先爲之,□□□□□世享德,億萬年承天之□。因舞筆而歌之曰:前賢既逝兮,典後嗣而立綱;遺範常□兮,垂□□而流芳。律吕概兮,凡民之上。□□□□□大雅之堂。懋德□□今爲烈,奚異乎継序其皇。

儒學增廣生員族侄薛文忠頓首拜撰

《府君拾金贊》:仰慕高風在□□,一時品格信終身。充囊那敢評非義,體物□□曲盡□。豪洽封金輕富貴,言同寳善謝鄰臣。庙堂經步□情偶,永播香名服鬼□。

清源辛巳科舉人牛文堃拜贈

《救荒贊》:大賚山鄉起昔賢,□□□□值堯天。儼然有粒餘三歲,不啻耕田□□年。村外無聞壯者散,溝中幸免老羸填。鼓腹羣黎□□□,永垂德澤配山川。

陽邑乙丑科舉人折錦元拜贈

曾孫男薛夢熊書

国柱李翁墓表

【简介】

原碑无落款，文中有“岁次庚寅，翁之子孙为翁勒石”记述，疑为清道光十年(1830)勒石。今存古交市常安乡东塔村李翁墓地。碑高122、宽50、厚11厘米。青石质，平首方座，额篆书“水源春露，秋霜木本”8字。艾去疾撰文，阎佩荪书丹，张同寅篆额。保存完好。

【表文】

國柱李翁墓表

翁李姓，諱獻廷，一名漢彪，字國柱，一字炳若，號象山，裕仁翁長子也。高祖燦、曾祖奇法、祖文全累以藝力相傳。及翁而勇尤過人，府試冠軍。年二十有二，遂遊庠預校士，當事者以英才許，擬首選，既而不果。翁亦知命，退而教育子弟有義方，壽六十有四終。翁元配曹孺人，故儒家女，後翁一年卒，亦享壽六十有四。生子三：長鳳翔，庠生；次鳳儀，早卒；次鳳舞，入太學，丁亥年卒。女二：長適陽邑楊培根，早卒；次適陽邑康時泰。孫四：長銛，已入泮；仲淳，季炯，又季培。曾孫二：長秀峰；次秀淵。歲次庚寅，翁之子孫爲翁勒石，命疾爲表。疾思翁狀貌瑰偉，智力超遠，幸得遇於時，萬里之封非虛願也。奈何一襟以老，半籌莫施，惜已！猶冀出其韜略，長爲後生法，而將星不永，未奉蘄王之塵，遽拜令公之墓，則又可傷也夫！至於天性之篤，處世之和，其德久膾炙人口，因不復贅云。

戊午科舉人候銓知縣姻愚姪艾去疾頓首拜撰

壬午科舉人候銓知縣姻再晚生閻佩蓀頓首拜書

戊辰科武舉現任靈石千總姻姪張同寅頓首拜篆額

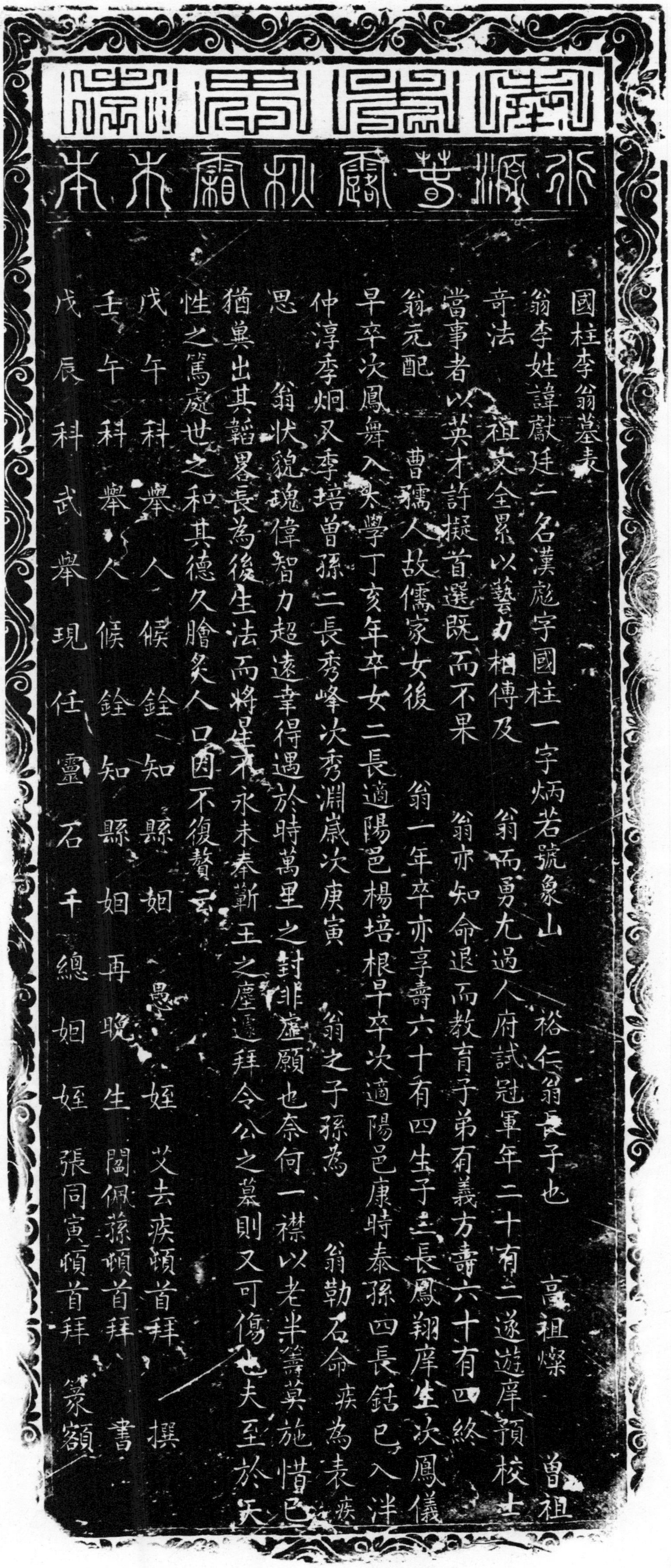

人府試冠軍年二十
而教育子弟有義方
壽六十有四生子三
早卒次適陽邑康時

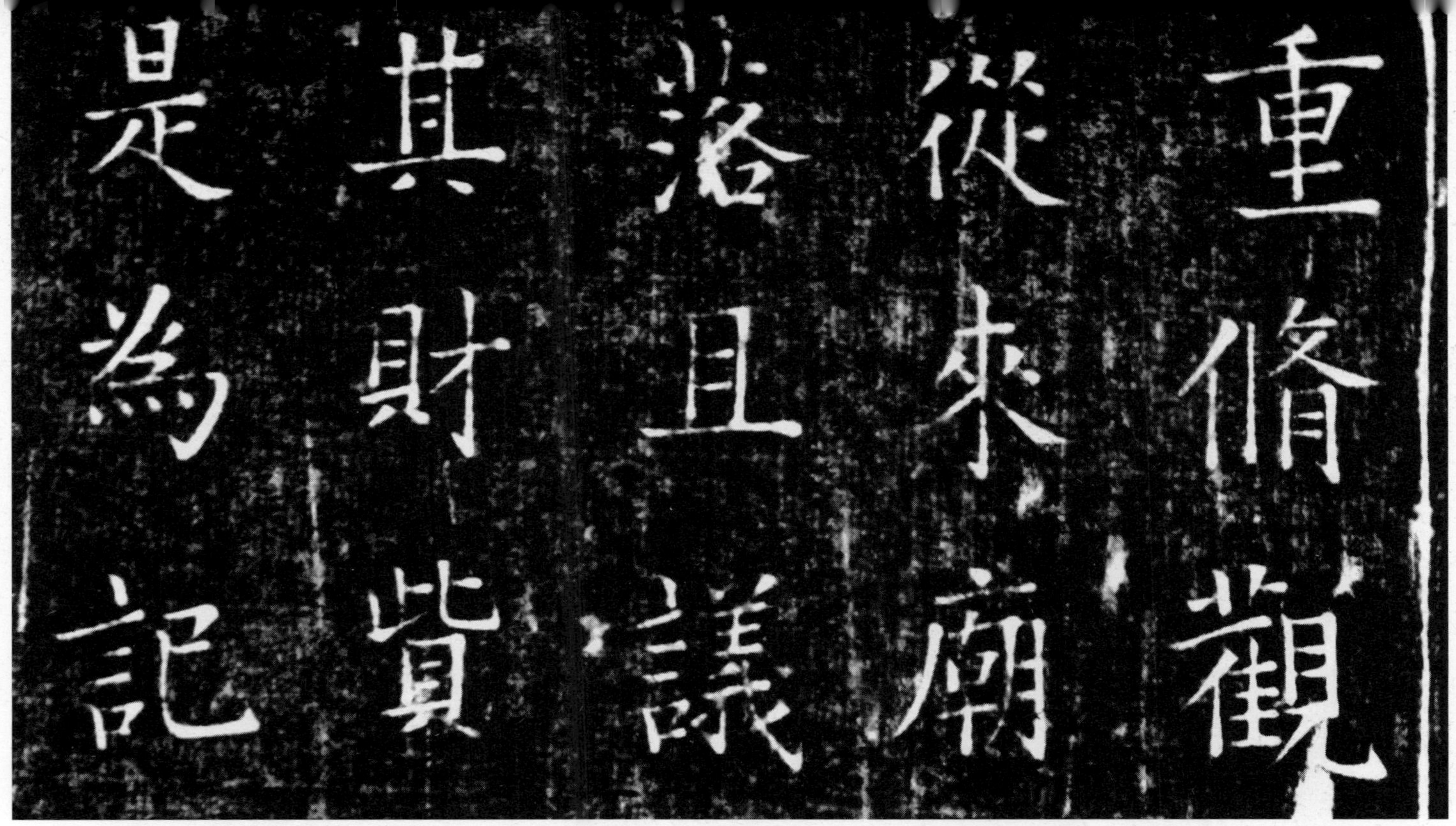

重修观音庙碑记

【简介】

清道光十年（1830）十月勒石。今存古交市河口镇崖头村庙内。碑高160、宽65、厚17厘米。青石质，圆首，额题“天子万年”4字。弓中侯撰文并书丹。保存完好。

【碑文】

重脩觀音廟碑記

從來廟以安神，久而多頽，止踵舊制而補葺之，属在大邑固易爲力也。今以藐兹村落，且議新作禅房於廟南，土木之費勢弱難支，會須求助於他鄉。於是募諸四方，捐其財貲，庶幾告厥成功焉。夫積而能散，賢者之行，固宜勒諸貞珉，播懿行於千古也。是爲記。

庠生弓中侯謹撰并書

功德主　石門陰氏　男石玉銀　張氏　石玉堂　張氏　石玉滿　楊氏　孫石薦朝　殷氏　石薦廷　張氏　石薦賢　石成柱　石成楗　曾石聲磬　石門邢氏　男石玉栗　張氏　石玉庫　胡氏　孫男石成龍　張氏　石成虎　石成鳳　石玉凰　石成鴻　曾孫大庠子　石生玉　楊氏　男石玉鶩　殷氏　石玉祥　張氏　石玉錢　張氏　男石步雲　石步程

扶碑主　楊萬發　楊萬清　楊萬隆　楊萬喜　楊景昌　楊景盛　共施艮一兩

総糾首　石生瑛　薛氏　男石玉爾　張氏　孫男石崇瓚施錢一千文　石生會　張氏　男石玉珖　盧氏　孫男石成仁　弓氏　石成義　張氏　曾孫捨成兒　石玉堂　張氏　男石薦朝　殷氏　石薦廷　張氏　石薦賢施艮二兩

功德主　石生玉施艮三兩　石玉銀施艮十二兩　石玉栗施艮十兩　石玉祥施艮二兩　石玉福施艮一兩　石玉禄施艮十兩　石玉珖施錢一千文　石玉滿施艮一兩　石生林施艮五錢　石玉寿施艮五錢　石玉秩施艮五錢　石玉稱施艮五錢　石玉有施艮五錢　石玉星施艮五錢　石生瑞施艮四錢　石生喜施艮三錢　石生寬施艮三錢　石玉才施艮三錢　石玉大施艮三錢　石玉錫施艮三錢　石玉瑚施艮三錢　石玉智施艮三錢　石廣太施艮三錢　石玉順施艮二錢　石玉萌施艮二錢　石玉振施艮二錢　石玉□施艮二錢

陰陽　弓朝烈施艮□兩

鐵筆　賈府民

畫匠　李發昌

木匠　石玉璽

道光拾年歲在庚寅拾月吉日立

天子萬年

重脩觀音廟碑記

從來廟以安神久而多頹止踵舊制而補葺之爲在大邑固易爲力也今以觀兹村落且議新作禅房於廟南土木之費繁翁難支會須求助於他鄉於是募諸四方捐其財貲庶幾告厥成功焉夫積而能散賢者之行固宜勸諸貞珉播懿行於千古也是爲記

庠生弓中侯謹撰并書

功德主
石門陰氏男石玉銀張氏石玉堂張氏石玉蒲楊氏孫石薦朝張氏石薦廷張氏石薦賢石成祿尤氏曾石聲馨
石門郝氏男石玉栗張氏石玉庫胡氏孫男石成龍張氏石成虎石成鳳石成鴻曾孫土寧
石生玉楊氏男石玉[illegible]賀氏
石玉祥張氏石玉錢張氏男石步雲石步程

扶碑主
楊萬[illegible]
楊萬喜[illegible]

總糾首
石生瑞薛氏男石玉璽張氏孫男石[illegible]壽施不一千文
石生會張氏男石玉[illegible]寇氏孫男石成仁弓氏石成義張氏曾孫搭成兒
石玉堂張氏男石[illegible]朗殷氏石薦廷張氏石薦賢施銀二兩

功德主
石生玉施銀三兩
石玉銀施銀十二兩
石玉栗施銀十兩
石玉祥施銀二兩
石玉福施銀一兩
石玉祿施銀十兩

石玉琥施不一千文
石玉滿施銀一兩
石生林施銀五不
石玉壽施銀五不
石玉[illegible]施銀五不

石玉福施銀五不
石玉有施銀五不
石玉星施銀五不
石生瑞施銀四不
石生喜施銀三不
石生寶施銀三不

石玉才施銀三不
石玉大施銀三不
石玉錫施銀三不
石玉剛施銀三不
石玉智施銀三不
石廣太施銀三不
石玉順施銀二不

石玉朗施銀一不
石玉林施銀二不
石玉[illegible]施銀五不

陰陽弓朝烈施[illegible]不
鐫筆覃府民
畫匠李發昌
木匠石玉璽

道光拾年歲在庚寅拾月 吉日立

新修片梁道碑记

【简介】

清道光十四年（1834）五月勒石。今存古交市河口镇马连咀村南海寺内。碑高98、宽49、厚10厘米。青石质，平首方座，额题“流芳”2字。闫安敏撰文，石玉称书丹，王梦龄镌刻。保存完好。

【碑文】

新修片梁道碑記

嘗思古者司險之職，掌九州之圖，以周知山林、川澤之阻，而達其道路。誠以道路者貴於達，不貴於阻也。今本村片梁上之道原係種地小道，真那嘴之道乃赶羊大道也。村人欲将片梁之道左右築墻，以作赶羊之捷徑。第念左右之地雖皆本村所種，而背坡圪塔上有地一堰，乃石岩村楊成國之地焉。因與成國出地價錢拾千文買道壹条，東至古道，西至背坡道，南至楊寬宝，北至陳玘荣，闊貳丈左右，皆築土墻，而片梁之道，一往無阻矣。較之於前，豈不通達可喜乎？夫片梁之道固喜其通達，而真那嘴之道亦不可使泯滅焉。盖真那之道，乃自古以來赶羊之大道也，狹小且不可，况於滅乎？因勒石刻以誌其事。

庠生閆安敏謹撰

石玉稱書

鉄筆人　王夢齡

石玉滿捨地伍處　石玉銀捨地肆處　石玉栗捨地叁處　石玉堂捨地貳處　石生玉捨地壹處　石玉財捨地壹處　石玉振捨地壹處

經理人　石玉滿　男石成柱　石成棟　石玉稱　男石慶德

石玉智施錢五錢　石玉順施錢二錢　石玉有施錢二錢　石玉禄施艮二兩　石玉銀施艮二兩　石玉堂施艮二兩　石玉栗施艮二兩　石玉滿施艮二兩　石玉光施錢千四　石生玉施錢五錢　石玉秩施錢五錢　石玉祥施錢三錢　石玉湖施錢三錢　石玉錢施錢二百　石玉錫施錢二百　石玉稱施錢二百　石生瑞施錢二錢　石玉桂施錢二錢　石玉振施錢二錢　石玉大施錢二錢　石玉頃施錢一百廿文　石玉財施錢一百廿文　石玉寿施錢一百廿文　石生英施錢一百文　石玉宝施錢一百文　石玉兰施錢

道光拾肆年五月吉日立

流芳

新修庌梁道碑記

嘗思古者司險之職掌九州之圖以周知山林川澤之阻而達其道路誠以道路者貴於達不貴於阻也今本村庌梁上之道原係種地小道真那嘴之道乃赶羊大道也村人欲將庌梁之道左右築墻以作赶羊之捷徑第念左右之地雖皆本村所種而背拔圪塔上有地一堰乃石岩村楊成国之地爲因與成国出地價錢拾千文買道壹条東至古道西至背拔道南至楊寬宝北至陳玘荣澗弍丈左右皆築土墻而庌梁之道一往無阻矣較之於前豈不通達可喜乎夫庌梁之道固喜其通達而真那嘴之道亦不可使泯滅焉蓋真那之道乃自古以来赶羊之大道也狹小且不可况於滅乎因勒石刻以誌其事

庠生閆安敏謹撰

石玉満捨地伍處　石玉財捨地壹處

石玉脲捨地肆處　石玉振捨地壹處

石玉粟捨地叁處　經理人石玉満　男石成佳　棣

石玉堂捨地弍處　石玉稱　男石慶德

石生玉捨地壹處

石玉智施小五个

石玉順施小二个

石玉有施小二个

石玉禄施艮二两　石玉祥施小三个　石玉稱書

石玉脲施艮二两　石玉湖施小三个　鐫筆人王夢齡

石玉堂施艮二两　石玉錢施小二百　石玉大施小二个

石玉粟施艮二两　石玉錫施小二百　石玉須施小一百六文

石玉満施艮二两　石玉稱施小二百　石玉財施小一百廿文

石玉光施小千四　石生瑞施小二个　石玉寿施小一百廿文

石生玉施小五个　石玉桂施小二个　石生英施小一百文

石玉秩施小五个　石玉振施小二个　石玉宝施小一百文

石玉三施小二个

道光拾肆年五月吉日立

皇清显考武翁讳德宽妣雷孺人墓碑

【简介】

清道光十四年（1834）勒石。今存古交市马兰武氏墓。碑高120、宽48、厚10厘米。青石质，平首方座，额题“德垂后裔”4字。撰文者、书丹者不详，原碑文无题。保存基本完好。

【碑文】

余思觀派可以知源，即枝可以推本。水有其源，木有其本，物且猶然，况人爲萬物之靈，詎無報本之念？如公承高、曾、祖、考之遺澤，世居屯蘭勝地馬蘭村，有胞弟三人，俱與成室，未得享壽，不幸皆先公而逝，惟□公□人獨繼前業。恭追德配雷孺人，幸生子三人，上而承祖□□祧，下而啟子孫之緒。公之敦厚誠實，鄉黨無异□焉。所謂□遠者流自長，本固者枝必榮，非公誰與歸哉？至公享年六十歲，終於道光十一年七月八日，迄今三載。今公之長子，每念罔極之深恩，惟思勒碣於墓前，聊以抒不□之心，以誌□忘已耳。

皇清顯考武翁諱德寬妣雷孺人二位之墓

男萬實　萬成　萬堂仝頓首百拜

歲在道光甲午秋七月八日吉時敬立

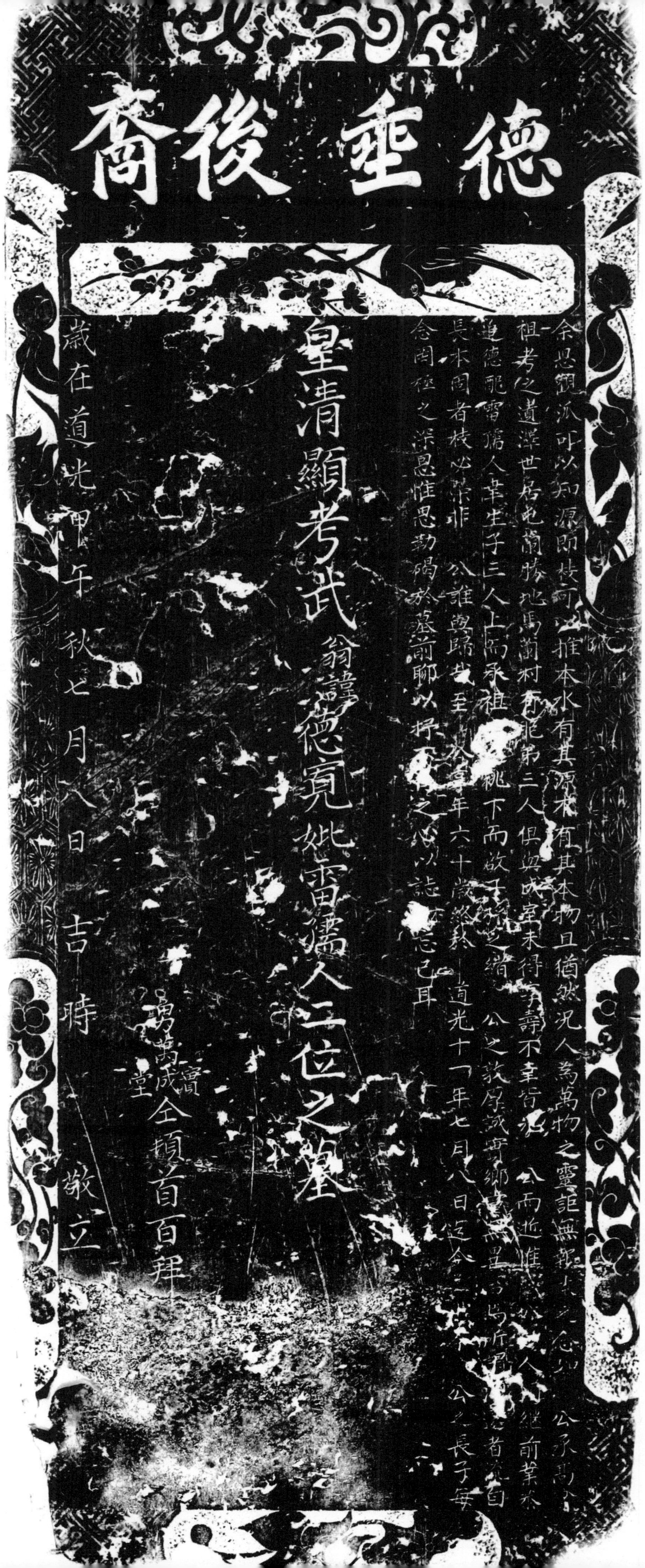
德垂後裔

余思觀派可以知源即枝可以推本水有其源木有其本物且猶然況人為萬物之靈詎無報本之念乎 公承高人
祖考之遺澤世居邑蘭勝地馬蘭村有兄弟三人俱與成室未得壽考不幸皆於 公而逝惟 公一人繼前業承
遵德配雷孺人幸生子三人上而承祖[illegible]下而啟子孫之緒 公之敦厚誠實鄉黨無異言[illegible]所稱者亦自
長本固者枝必榮非 公誰與歸哉至[illegible]享年六十歲終於 道光十一年七月八日逝今 公之長子安
念罔極之深恩惟思勒碣於墓前聊以將[illegible]之心以誌[illegible]忘己耳

皇清顯考武翁諱德寬妣雷孺人二位之墓

男萬成 寶 堂 仝頓首百拜

歲在道光甲午秋七月八日吉時 敬立

武绳祖为父母卜居新坟碑记

【简介】

清道光十八年(1838)勒石。今存古交市歇马村。青沙石质。基本完好。武绳祖撰文。原碑文无题,似非全貌,今题为编者所拟。

【碑文】

自陕西遷移來,歷居城北塔梭村屯蘭都武家莊。至太高祖,復遷黄土主穴邪卧牛塔地,已四世矣。乃父母卜吉新塋,于今勒石立碑。由是按地圖,形益廉具,發祖於兑宫,中心出脉,穴星特起于杳峁,四圍羅城,屏障層層,峰巒叠叠,枕靠有象,朝對有情俏,所謂大地者非此歟! 俗言"吉人遇吉地",此之謂歟? 然亦不過求形家言也。惟念吾父之風,規分耿介;或念母云坤儀兮,柔順堪挹,摹形繪影孑孓立身行己,有如此其謹惕也? 應世按物,有爲此其長厚也? 勤晨課讀,有如此其屬嚴也? 治家理財,有如此其勤儉也? 而且衣食得内助,亦如是其周夾也? 孝友振家風,亦如是其休和也? 迄今,循規蹈矩,同居興業,後人之樂利,皆先人之德澤也。敢陳實迹,用勒斯銘。其詞曰:

讀聖賢書,所志者大。事有定規,心當不懈。矩䕶森嚴,望而生畏。言詞懇切,和藹可聽。富不竇玉,貴非徒名。德隨年進,福與壽齊。人往風微,宛然如生。念兹在兹,永垂不朽。

嘉慶庚申年科舉第十八名舉人武繩祖三十四年孟夏敬

道光十八年歲次戊戌仲秋

重修观音堂五龙圣母庙碑

【简介】

清道光十八年(1838)十二月勒石。今存古交市河口镇马连咀村南海寺内。碑高200、宽80、厚18厘米。平首,额题“皇帝万岁”4字。原碑无名,首题“重修”2字。杨逢年撰文。保存完好。

【碑文】

重修

觀音堂五龍聖母廟,年深日久,風吹雨没,村中父老公議重修。於是盡心竭力,不數月而外張其高大,内增其光華,時乎功已告成矣。今而後神有所依者,自必降福於民矣。所有助理、善士并將姓字序列於左,以誌千古不朽云。

庠生楊逢年謹撰

功德主　石門陰氏　男邢氏　石玉堂　武氏　石玉滿　康氏　孫男石荐朝　崔氏　石荐廷　張氏　石荐賢　弓氏　石成柱　張氏　石成棟　石成厚　拴地　鎖地　□地　□石聲磬　盧氏　石玉粟　邢氏　石玉庫　邢氏　男石成龍　閆氏　石成□　張氏　石成鳳　弓氏　石成凰　閆氏　石成玉

青崖槐村金粧主　張门苗氏　男伏官　伏宦　伏寅　孫男本正　本立　本明　本和　本後　本誠　重孫滿會　起會共施銀拾兩

石岩村扶碑主　楊万喜　楊万要　楊景昌　楊景安　楊景寧　楊景隆　楊景盛　楊景展　楊景世　共施銀二兩

総糾首　石門張氏　男石玉秩　王氏　石玉稱　殷氏　孫男石慶龍　張氏　石慶德　張氏　石慶虎　王氏　石慶鳳　石玉□施艮三十五兩　石玉粟施艮九十兩　石玉滿施艮七十兩　石玉秩施艮捌兩　石聲磬施艮七十兩　石生玉施艮七兩　石玉錢施艮二兩　石玉錫施艮四兩　石玉稱施艮五兩　石玉振施艮三兩　石成仕施艮拾兩　石玉有施艮三兩　石玉祥施艮三兩　石玉湖施艮二兩　石玉連施艮一兩　石玉大施艮一兩　石玉財施艮三兩　石玉寿施艮一兩　石玉嶺施艮一千文　石玉星施艮一兩　石玉頃施艮二兩五錢　石玉兰施艮一兩　石玉玺施艮五錢　石廣泰施艮二兩　石玉宝施艮五錢　石廣萬施艮二兩　萬和誠施艮二兩　德和正施艮一兩

捨地主　石生會　石生智捨廟底土圪塔一處　石玉財　石成厚捨栽松樹圪塔一分

石玉粟捨四百三十六　石玉滿二百九十一　石玉堂二百六十七　石聲磬二百二十三　石玉秩一百二十一　石成仁一百零八個　石玉振六十二　石生玉五十一　石玉祥工五十個　石玉稱工四十五　石玉錫工四十　石玉頃工十二個　石玉有工十二個　石玉連工十個　石玉柱工七個　石玉蘊工七個　石生瑞工五個　石玉寿工五個　石玉星工五個　石玉順工四個　石玉兰工三個　石生光工三個　石玉智工三個　石玉財工二個　石玉大工一個

太原縣鉄匠　侯□施艮五百

郭縣鉄筆人　王存仁施艮一兩

畫匠　張世智施艮三兩

陰陽　弓朝力

大清道光拾捌年十二月吉日立

龙天庙碑记

【简介】

清道光二十年（1840）勒石。今存古交市镇城底镇上雁门村龙天庙。碑高116、宽48、厚12厘米。青石质，圆首方座，额题“延年”2字。张达霄撰文并书丹。碑阳为碑文，碑阴为功德名录。保存较完好。

【碑文】

龍天廟碑記

予未嘗多覽古史，神之由來幾難測矣。然約舉其概，所以興雲司雨，滋潤百産者，匪神之力何以普天率土聿遂生成願哉？當其勾萌甲折，亟須雨露之養者，時刻亦云難緩，惟神霄霖四布，不崇朝而優渥霑足，瀰淪無際。以故雨曰時雨，曰靈雨，極之，山童野叟莫不拱手而祝曰：“天其予我金玉乎？天其賜我民命乎？”大哉，神功浩蕩難名耳！第思既庇神休者，敢忘神報所以？上雁門村舊有龍天廟一所，樂臺一座，並無禪房、厨竈。今村中衆善士公議，修理禪房數間，火奄一所，大殿亦修理如新，以續先人之功德，焕然亦新，儼如先人之復啟矣。所有功德、施財、斜首，開列於後，以誌千載不朽云耳。

張達霄撰並書

大清道光二十年歲次庚子穀旦立

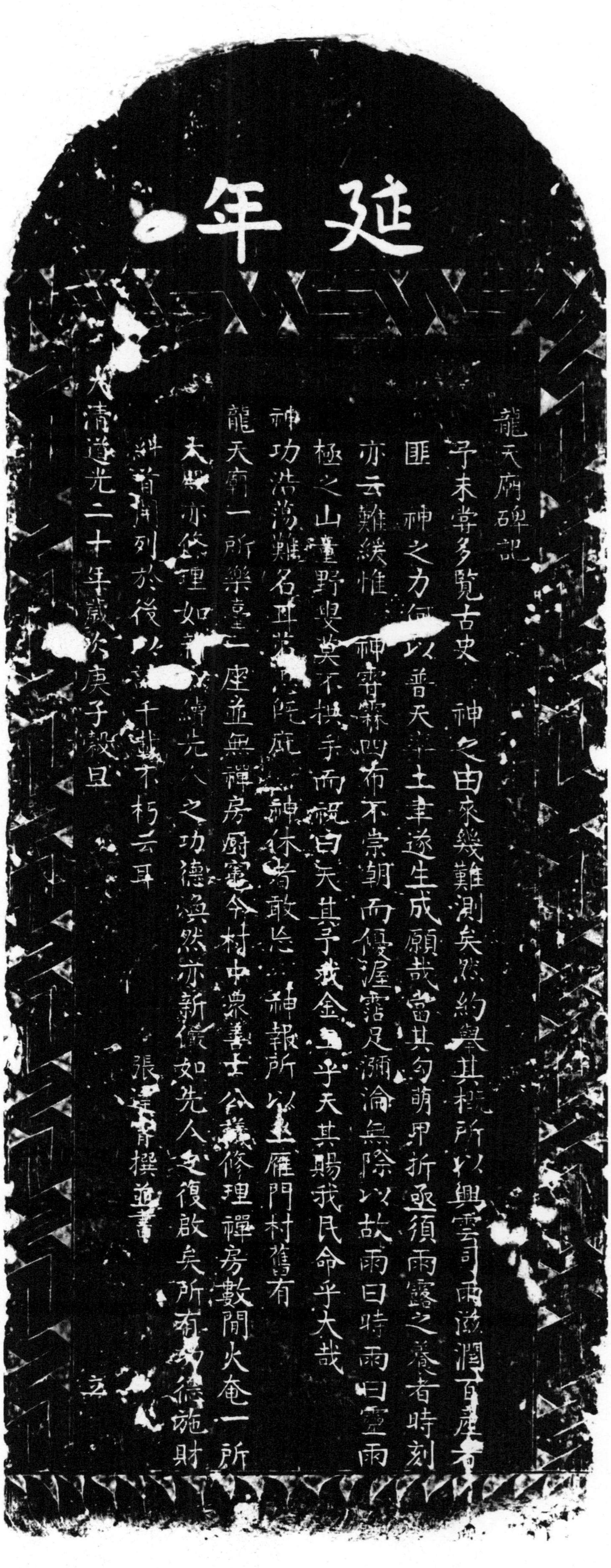

由來幾難測矣然約與其

主車遂生成願哉當其句

布不崇朝而優渥霑足瀰

而祝白天其享哉金玉乎

神休者敢怠　神報所

康家墓碑

【简介】

清道光二十一年（1841）勒石。今存古交市桃园街道办事处李家社村康家墓地，建有碑楼，碑楼顶雕刻精美。康氏墓地原占地约 2500 平方米，“文化大革命”中“破四旧”时被推毁，仅存碑及墓碑楼一座。碑高 153、宽 59、厚 17 厘米。青石质，平首，额题“克昌厥后”4 字。原碑文无题。保存完好。

【碑文】

且夫有爲之前，美無不彰；有爲之後，盛無不傳。我曾祖兩間正氣，一世豪傑。乾隆辛酉中式武舉，出仕山東，位列千総。致仕還家，継生我祖，象貌魁偉，超群出衆。嘉慶庚申復爲中式，継志述事，耀祖榮宗。既而開設當鋪，復興和遠，效陶朱事業，法端木生涯。家産田園，較前富有，皆我祖之功。猗歟休哉！父子登科，兩世孝廉，豈非“有爲之前，美無不彰；有爲之後，盛無不傳”哉！

重修狐神庙观音堂记

【简介】

清道光二十三年（1843）三月勒石。今存古交市岔口乡安家沟村狐神庙。碑高144、宽62、厚8厘米。青石质，圆首方座，额题“福缘善庆”4字。李全珠撰文并书丹，尹国贤篆额。保存完好。

【碑文】

重修狐神廟觀音堂記

讀《春秋》一册，命臣無從，獨不召三子，教忠於仕，未敢存二心。誦《觀音》一經，拔生度死，大示自覺、圓通、濟物、利人、廣慶，咸遂衆意。於以知神之所以爲神者，忠烈也；佛之所以爲佛者，慈悲也。顧惟有忠烈之義，氣斯傳之後者，甘苦備嘗於十九年；抑惟有慈悲之光，長斯施之世者，華嚴普救於十八難。余邑屯蘭都安家溝村舊有狐神廟，有觀音堂，歷年已久，傾壞相仍，重修屢次。道光年間，椽棟榱桷則破敗矣，垣墉堦砌則坍圮矣。村中父老慨然曰：廟宇者安神之所，縱不必高堂華屋，亦何可安神於頹垣敝宅之中？於是，村中捐施錢貳伯千有餘，四方募化錢陸伯千有餘，且又賴村人各盡其力以助之乃克。一旦成功，則見向之殿宇朽蠹者，今則文彩煥然矣；向之樂樓闕小者，今則修葺巍然矣；向之禪房廢敗者，今則粉飾耀然矣。僉曰：此神工也，非人力所爲。余曰：是即人力之克，盡以顯神工之無窮，入其中者不復知爲舊廟焉。余不能文，囑余文，亦祇援其事以誌其告竣之時、助工之人已矣。

本邑優增廣生員李全珠頓首拜撰并書

本村處士尹國賢頓首拜篆

募化糾首　馬洪正　張寶銀

管賬人　馬洪俊　郝□　何元福

經理糾首　何元禄　王華美

管賬人　惠林周　尹國賢　馬以龍

經理糾首　馬洪□　馬洪秀　馬洪通　馬洪深　馬洪全　馬通貴　馬通吉　馬福壽

馬洪正舍西禪房地基南叁間　馬洪俊舍西禪房地基一處　尹國賢舍東正禪房地基一處

瓦匠　武明進施錢四百文

玉工　孫大旺施錢三百文

泥匠　刘生林施錢八百文　武明亮施錢四百文

木匠　馬洪□施錢□百文　武復仁施錢三百文　郭巫山施錢四百文

丹青　馬人□　馬福壽施錢三百文

大清道光二十三年三月穀旦敬立

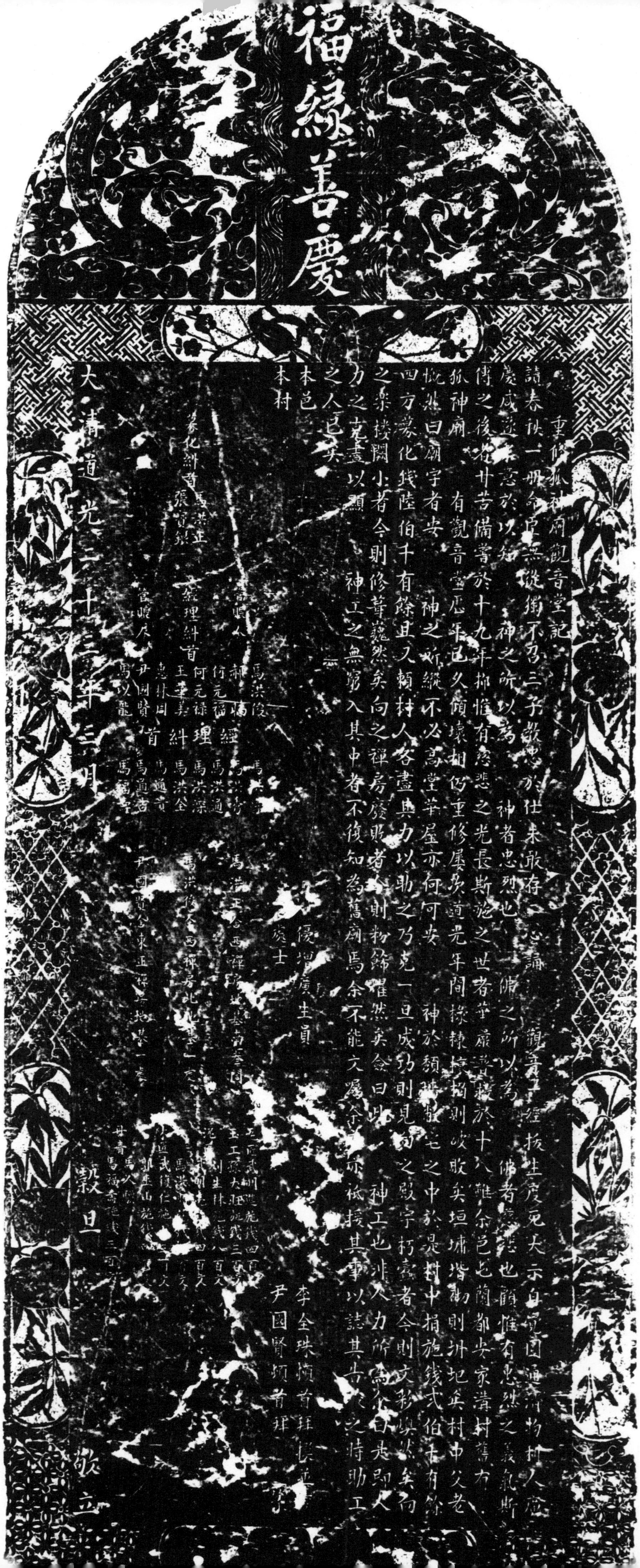
福緣善慶
重修狐神廟觀音堂記
大清道光二十三年三月
穀旦
敬立

重修龙王庙碑

【简介】

清道光二十四年(1844)五月勒石,今存古交市东曲街道办事处许家山村五龙庙。碑高138、宽52、厚7厘米。青石质,平首方座。保存完好。

【碑文】

盖聞神之爲德,其盛矣乎!今陽邑大川都許家山村,舊有龍王庙一所,不知建於何帝,創於何年。遠年日久,風雨漂零,鼠雀□乞,殿宇霎漏,聖像摧殘。村中共議募化補脩金粧神像。四外功德,扶梁募化銀貳伯伍拾兩零,村中每垧地起錢捌拾文,二宗共錢三伯肆十餘千。今將功德、徑理、募化、出过布施姓名人等,開列於左。

功德　桑富智　王氏　男興亮　岳氏　孫男向旭　刘氏施銀叁兩

經理人　張有進　武氏施銀乙兩柒錢　張林福　常氏　男志道　志通　志達施銀壹兩　張的倉男張丕荣　安氏　孫男毛小子施銀伍錢　張志傑　折氏　男丕泰　葉氏　丕和　康氏　丕美　常氏孫男明公子施銀伍兩陸錢

稷邑玉工　任明吉艮一兩

陰陽　成谷俛艮五錢

木匠　邢山貴艮五錢

泥行　郭林艮五錢

文邑丹青郭錦明　古交丹青邢獲林各一兩

木楼塔　閆万有　閆万才　陳家村各一兩　王文高　董玉□各五錢　龍庄溝艮一兩五　募化張有昌艮三錢　黄台封　石家山　高玉夆　馬家滩　坡底　炉子足　張志恩　神堂岩　尖腦上　王家溝富家窊　張峪溝各一兩　小沙岩　段家足各錢六百文　高地峁錢六百文　石峁上　侯家岩　劉巴足張貴成各錢五百文　馬連岩　王龍力　半溝力　武科力　徐老母　高學俊　馬次足　張家里　全家口駱駝村各五錢　募化康世杰艮八錢　本村張林海艮一兩　武生康应楊　務本堂　福泰庄　康永清各五錢　牛法旺錢三百文　趙春和　岳生輝　復合明　李創寬　牛法庫　吴安昌　王□明　李見法　隻現成各三錢　募化康观明艮三錢　趙豊力艮一兩　胡应旭　永豊泰　天福堂　康曰兰各五錢　馮永魁張汝璜　張风山　張存錦　張玉金各三錢　募化張有達艮三錢　康貴林艮一兩　德順庄　康貴杰各錢五百　康貴如艮五錢　閆丕成　安天□　康貴仲　李明忠各錢三百　趙天德錢二百文　安天機艮三錢募化葉正武艮五錢　弓家溝錢五百文　募化張志云艮三錢　安生保　王賜有各一兩　王瑣　刘泰扶郝士祥　王付存　張厰　閆九魁各五錢　利成庄　□盛允　張帝治各錢二百　宏盛合錢二百文　李貴保艮三錢　閆巨楼　郭生太　胡學道各二錢　趙錫材　康元□各五錢　路文武艮二錢　康应□艮一兩募化康谷□　張志云艮五錢　楊恒秀艮一兩　楊付艮艮五錢　李生厚　成仲威　陳伊生　靳文兰　曹寿福　趙□□各三百　□谷提　刘的□　郝全千　李万銀　楊伊科　岳生奎各二百文　孔玉德　孔太来　孔太仁　康巨銀　康谷武　順義公　康元楝　康元才　康元有　曹發兰　義成永各五錢　募化張林会　卜周義　祁首保　張风鳴各五錢　張风瑣三錢　張滿花二錢　康夢福二兩三　張有展二兩七張林英二兩二　張有正三兩四　張法義玖錢　張林仁四兩二　張有順一兩八　張有禄三兩　張林青八兩玖　張志學三兩六　張志寿四兩六　張法普三兩三　張進林二兩二　張的庫六錢　張的楝一兩八張材遠三兩四　張林敖二兩三　張林云五兩三　張世林二兩七　張林生四兩三　張志義二兩　張林世一兩玖　張有庫一兩八　張志有四兩三　張志最三兩玖　張元廷七錢　張志福六兩六　張有万一兩六張大夕二兩六　張林内七錢　葉盛山八錢　張志高一兩伍　張的米一兩　張林昇七錢

大清道光二十三年重修碑記二十四年五月立

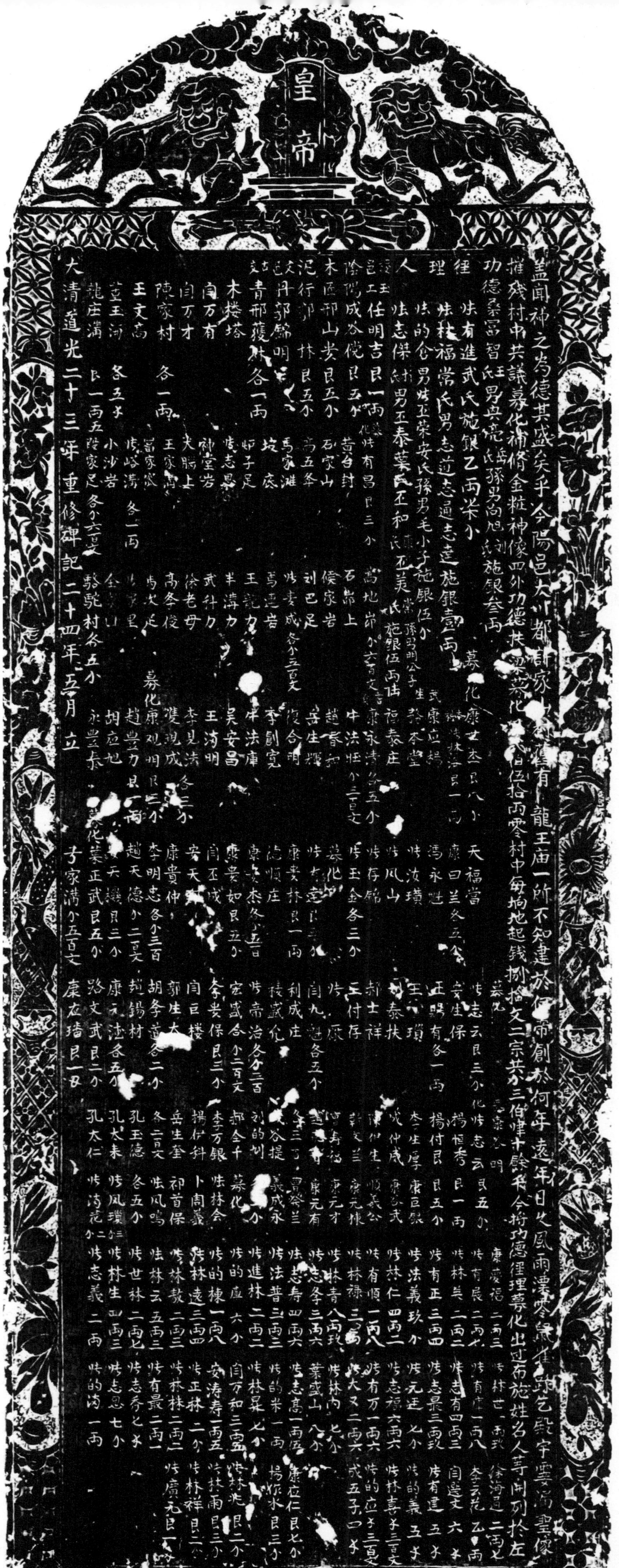
皇帝
大清道光二十三年重修碑記二十四年五月立

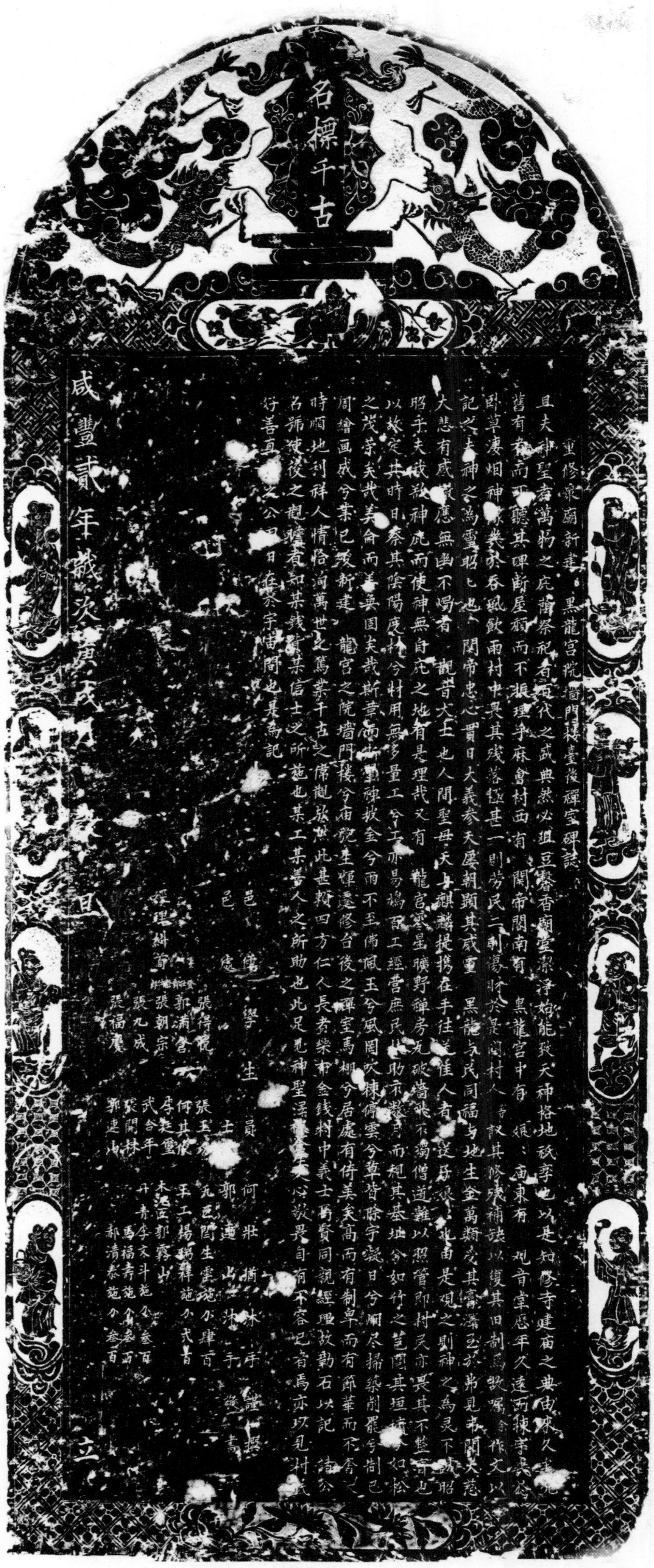

重修众庙新建黑龙宫院墙门楼台后禅室碑志

【简介】

清咸丰二年（1852）勒石。今存古交市岔口乡麻会村。碑高160、宽64、厚17厘米。青沙石质，圆首方座，额题“名标千古”4字。何壮犹撰文，郭连山书丹。保存完好。

【碑文】

重修衆廟新建黑龍宫院墙門樓臺後禪室碑誌

且夫神聖者，萬物之庇蔭；祭祀者，百代之盛典。然必俎豆馨香，廟堂潔净，始能致天神格、地衹享也。以是知修寺建庙之典，由來久矣。况舊有者而可聽其碑断屋頽而不振理乎？麻會村西有関帝閣，南有黑龍宫，中有娘娘庙，東有觀音堂，歷年久遠，而棟宇幾於卧草凄炯，神像幾於吞風飲雨。村中畏其殘落極甚，一則勞民，二則傷財，於是閤村人等議其修殘補缺，以復其旧制焉，故囑余作文以記之。夫神之爲靈昭昭也。関帝忠心貫日，大義参天，屢朝顯其威靈；黑龍與民同福，与地生金，萬類受其膏澤；至於弗見弗聞，大慈大悲，有感輙應，無幽不燭者，觀音大士也；人間聖母，天上麒麟，提携在手，往送佳人者，送子娘娘也。由是觀之，則神之爲灵不誠昭昭乎？夫我欲神庇而使神無自庇之地，有是理哉？又有龍宫零星，曠野禪房，瓦破墻飛，不獨僧道難以照管，即村民亦畏其不整齊也。以故，定其時日，察其陰陽，度材兮材用無多，量工兮工亦易鳩。百工經營，庶民扶助，不數月而視其基址兮如竹之苞，閲其垣墉兮如松之茂榮矣哉！美侖而美奂固矣哉！斯革而斯翬，神披金兮雨不至，佛佩玉兮風罔吹，棟停雲兮草皆除，宇凝日兮炯盡掃。築削罷兮制已周，繪畫成兮業已竣，新建龍宫之院墻門樓兮庙貌生輝，遷修台後之禪室馬棚兮居處有倚。美矣！高而有制，卑而有節，華而不奢。天時順，地利祥，人情恰，洵萬世之篤業，千古之偉觀歟！然此甚賴四方仁人、長者樂布金錢，村中義士、高賢同親經理。故勒石以記諸公名號，使後之觀瞻者知某錢貲某信士之所施也，某工某善人之所助也。此足見神聖澤被蒼生，人心敬畏，自有不容已者焉，亦以見村民好善直道之公，固曰在於宇宙間也。是爲記。

邑儒學生員何壯猶沐手謹撰

邑處士郭連山沐手敬書

經理糾首　張得悦　登仕郎郭滿倉　登仕郎張朝宗　張九成　張福慶　張玉功　何其俊　李廷璽　武合年　張開林　郭連山

瓦匠　閆生雲施錢四百

玉工　楊瑞祥施錢貳百

木匠　郭霧山

丹青　李文斗施錢叁百　馬福壽施錢叁百　郝清泰施錢叁百

咸豐貳年歲次壬子庚戌月穀旦立

庇蔭祭祀有百代之盛典然必俎豆
斷屋頽而不振理乎麻會村西有
吞風飲雨村中異其殘落極甚一則
也　關帝忠心貫日大義參天屢
不燭者　觀音大士也人間聖母天
使神無自庇之地有是理哉又有
陰陽廢朽兮材用無多量工兮工亦
美奂固矣哉斯葺而新□神披金兮
新建　龍宮之院墻門樓兮廟貌生
洵萬世之篤業千古之偉觀歟然此
知某錢貲某信士之所施也某工某

武氏祖茔碑

【简介】

清咸丰三年（1853）十月勒石。今存马兰镇马兰村武氏祖茔墓地。有碑亭。碑高123、宽40、厚10厘米。青石质，平首，额题“光前裕后”4字。李毓秀撰文，孙荣德书丹。原碑无题。保存较完好。

【碑文】

武公諱玉琢，字國器，晋交名族，攔川大家，於兄弟爲次。自少則任農桑之事，以故不及於學。而其孝友恭敬，誠信敦篤，自有以過人者。雖家清貧，而公經營纖密，亦不失大體。蓋凡春秋晨夕之奉，教子訓女之方，以至族姻党友往來酬酢，無不稱情而合禮。嗚呼！公雖身居田家，而實一世之聞人也。娶孫、冀、張、任氏，均有賢行。子二，女一；女適同邑業儒趙諱輔朝。原銘斯刻，以詔來今。

業儒李毓秀頓首拜撰

孫榮德頓首拜書

光前裕後

武公諱玉琢字國器晉交名族擱川大家□兄弟為次自少則任農桑之事
以故不及於學而其孝友恭敬誠信敦篤自有以過人者雖家清貧而公往
營織密亦不失大體蓋凡春秋晨夕之奉教子訓孫之方以至族姻黨友往
来酬酢無不稱情而合禮嗚呼公雖身居田家而實一世之聞人也娶孫巽
張任氏均有賢行子二女一女適同邑業儒趙韓朝原銘斯刻以詔来今

業儒李毓秀頓首拜撰

孫　榮德頓首拜書

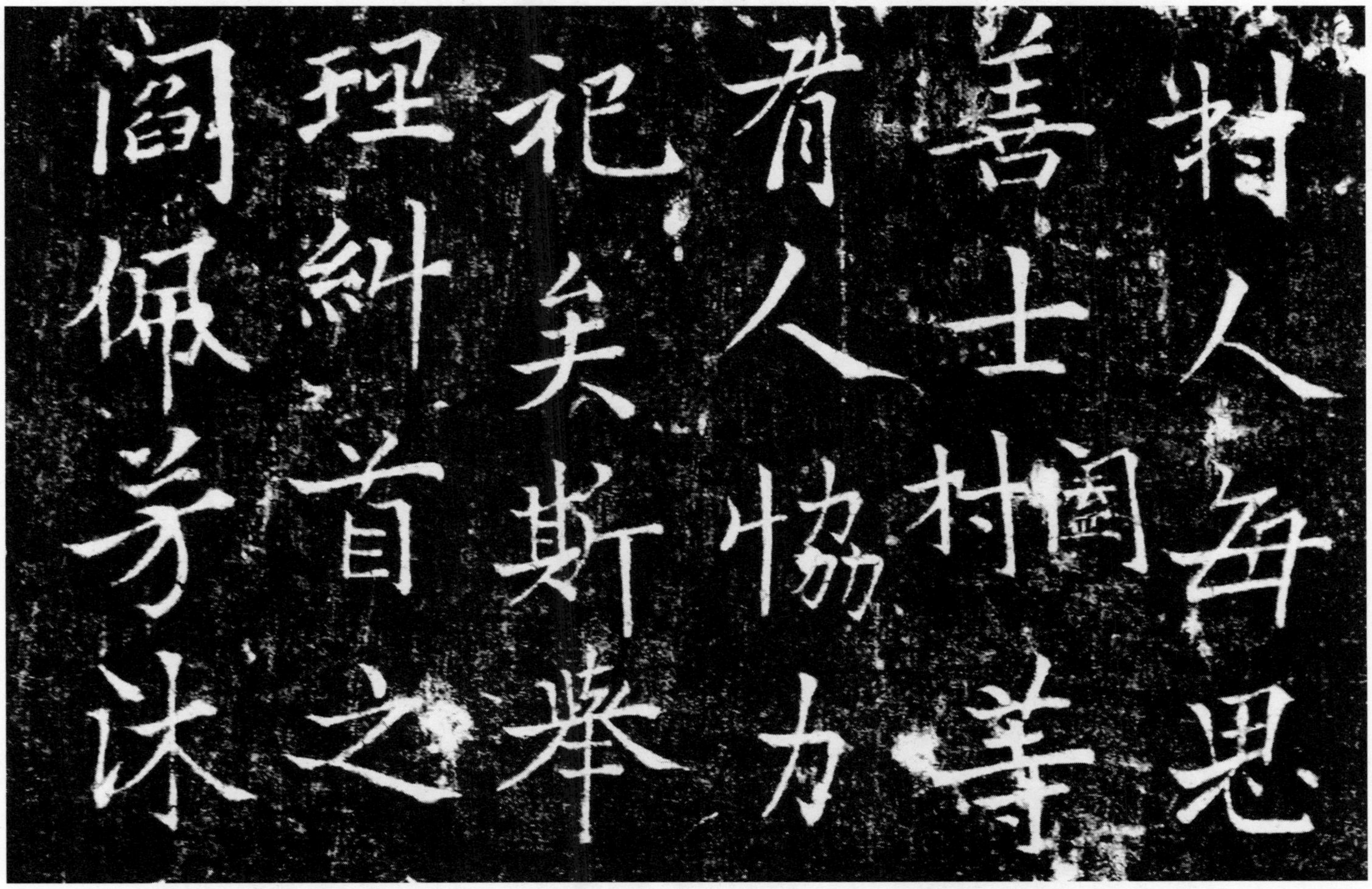

重修五龙圣母庙碑序

【简介】

清咸丰八年（1858）十一月勒石。今存古交市河口镇吾儿峁村五龙圣母主庙内。碑高175、宽69、厚18厘米。沙石质，齐首方座，额题“皇清”2字。阎佩芳撰文，张标书丹。保存完好。

【碑文】

重修五龍聖母廟碑序

盖聞祀神之禮，莫要於敬。而致敬祀神，非但時薦馨香已也，其所以妥神靈者廟宇，亦不可不高大而潔齊。晋省西山五兒峁村，舊有五龍聖母廟一所，創建何代杳無可稽。其中門堦、厨厩並未創建，村人每思修葺。奈工大而費用不支，食乏而人力難継，所以舉念而輒止耳。是歲次咸豐八年戊午，適有鄉人善士，闔村等素性慷慨，一念修補，村人無不樂從。將見經理者有人，助粟者有人，而且四方募化奔走不□者又有人，協力同聲，共襄盛事。不數月而殿廡、樓臺、門堦、厨厩煥然一新，今而后庶可以棲神靈而崇享祀矣。斯舉也，共費銀若干，本村所捐者不過三分之一，端賴四方好善樂施之君子以成盛事耳。故凡捐輸、經理、糾首之姓名，例得附於碑次。

河口南頭閻佩芳沐手謹撰

南石□村張標沐手敬書

（因此處碑文漫漶不清，故功德主、糾首、佈施人員名單略）

大清咸豐捌年歲次拾壹月吉日立

皇清

重修五龍聖母廟碑序

蓋聞祀神之禮莫要於敬而致敬祀神非但時薦馨香已也其所以妥神靈者廟宇亦不可不為之加

晉省西山五□嵐村舊有

五龍聖母廟一所創建何代皆無可稽其中門增廚廠並未創建特人再思修葺奈工大而費用不支食息而

難從所以舉念而輟止耳是歲咸豐七年戊午適鄉人善士柳□等素性慷慨一念修補村人

見經理者有人助粟者有人而且四方募化亦走不者又有人協力同聲共勷盛事不數月而殿宇樓臺

皆爲煥然一新而後庶可以棲神靈而嘉享祀矣斯舉也共費銀若干兩村所捐者不過三分

之一端賴四方好善樂施之君子以成盛事且故凡捐輸經理糾首之姓名例得附於碑次

河口南頭閻佩芳沐手謹撰

南石磴村張標沐手敬書

大清咸豐捌年歲次拾壹

吉日立

陈公墓碑志

【简介】

清同治二年（1863）二月勒石。今存古交市河口镇角子崖村东南0.5公里处。碑高75、宽44、厚14厘米。石静昌撰文并书丹。

【志文】

大清同治二年二月吉日陳公墓碑誌

盖聞角子崖村有陳氏者，素有仁里之風。迨及曾祖諱聚恭，家道浸昌，孝友克敦。老親翁大人發泰，玖瑕公之孫、開順公之長子也，行性淑和，才力明敏，自幼事親不敢有怠慢之心，兼及友弟。而弟發宗，王氏、殷氏；發岱，梁氏、張氏、武氏、梁氏，亦效而爲孝弟之行，宜其寿享高年，子孫雲集。德配張氏，能内助，生三子，四十有餘而卒，公不勝哀楚。繼配冀氏、張氏，亦皆勤儉治家。長子有龍，楊氏、張氏，克助以義，致富之功。次子有虎，趙氏，亦惟兄是遵。更及幼子有豹，王氏，夙夜不離于膝下，常慟二兄中道而殁。其孫德仁，楊氏；德義，趙氏；德禮，殷氏；德智，楊氏；德金，盧氏；潤兒，芦氏；現存，楊氏；二潤；現實，王氏；福仔；有豹，常遵父命，督以義方教子，世有麟趾之頌。且公于姪、姪孫均懷之以恩。其有當，高氏、張氏；有芳，張氏；有智，弓氏、張氏、張氏；有元，范氏；有光；侄孫昌壽、昌興、昌盛。予見而嘆曰：此其故固由祖宗之德，亦公不多言，不妄行，濟急憫人，守分而自然發福，子孫振振，世世守燕翼之謀。嗚乎！天命無常，惟佑善人。公享寿七十有三，可云福寿雙全。生于乾隆五十三年吉月吉日吉時，卒于咸豐十年七月吉日吉時，寿終。予不能辭，謹略序梗概云。

眷晚邑庠生石静昌撰并書

大清同治三年二月吉日陳公墓碑誌

邑崗角子崖村有陳氏者素有仁里之風迨及曾祖諱聚恭家道浸昌矣友克敦 考親翁大人發泰玖璣公之孫開順公之長子也行性淑和才力明敏自幼事親不敢有怠慢之心兼及友弟而弟發宗王殷氏發伐山武張氏亦效而為孝弟之行宜其壽享高年子孫雲集德配張氏能內助生三子四十有餘而卒公不勝哀楚繼配冀氏張氏亦皆勤儉治家長子有龍楊張氏克助以義致富之功次子有虎趙氏亦惟兄是遵更及幼子有豹王氏夙夜不離于膝下常慟二兄中道而歿其孫德仁楊氏德義趙氏德禮殷氏德智楊氏德金盧氏潤兒苏氏現存楊氏二潤現寶王氏福仔有豹常遵父命甚以義方教子毋有麟趾之頌其公子姪姪孫均懷之思其有當高張氏有芳張氏有智張氏弘有元范氏有光程氏孫昌壽昌興昌盛子見而嘆美曰此其故固由祖宗之德亦公不忘喜子善行濟急憫人守分而自然發福子孫振振世世守燕翼之謀嗚乎天命無常惟佑善人公享寿七十有三可云福寿雙全生于 乾隆五十三年吉月吉日吉時亡于 咸豐三十年七月吉日吉時寿終予不能辭謹畧序梗概云 眷晚邑庠生石靜昌撰并書

“创业引”墓碑

【简介】

清同治七年(1868)勒石。今存古交市河口镇角子崖村陈氏家族墓地,该墓地发现于2009年第三次全国文物普查时。共有完整墓葬5座,并有大量石刻。“创业引”为首碑,字迹清晰,叙述完整。墓塔别致新颖。碑高126、宽64、厚15厘米。杨栋梁撰文并书丹。保存较完整。

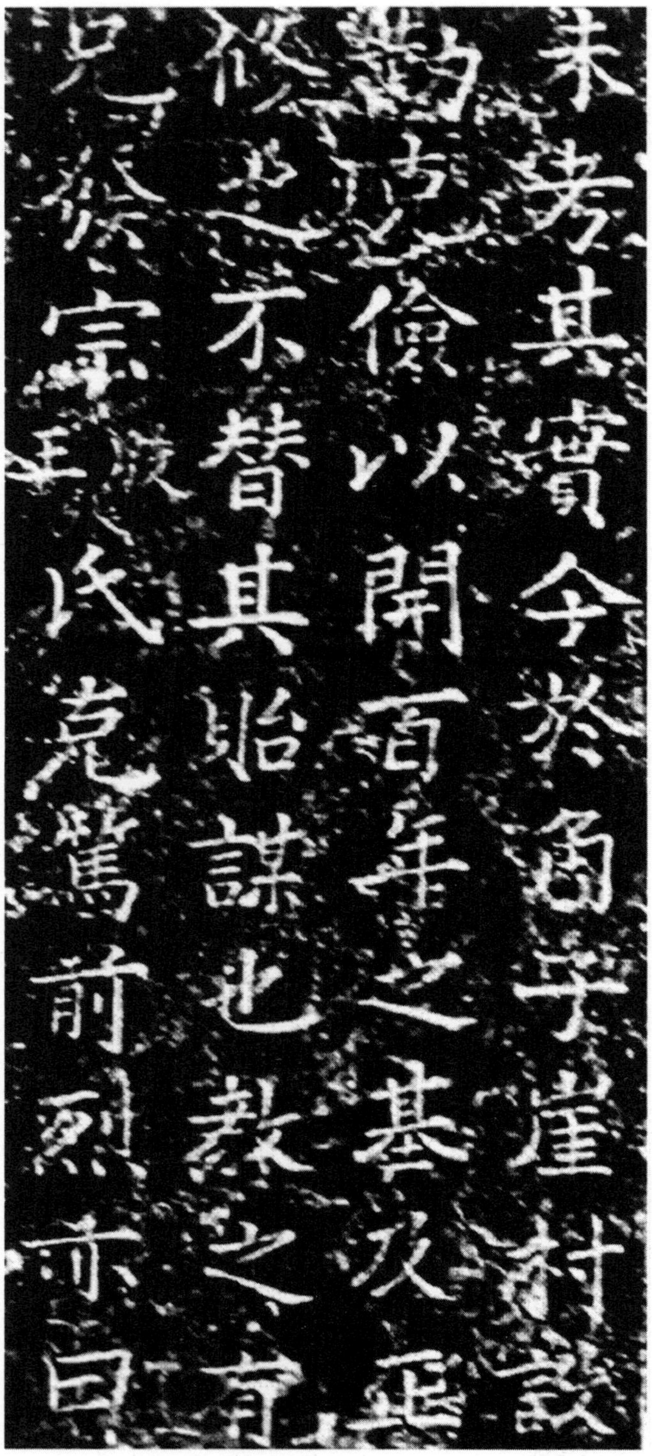

【碑文】

嘗讀《書》曰:“積善之家,必有餘慶。”余恒誦其言,而未考其實。今於角子崖村設館訓蒙,而□□陳氏□世系,始知《書》言之不誣也。自曾祖聚恭、范氏,克勤克儉,以開百年之基。及正祖玖瑕□□□□能弟,更立萬世之規。迄今顯考開順、楊氏,其創業也修之不替其貽謀也。教之有方,宜乎德垂後裔。□□三多,胞兄發泰,冀氏、張氏、張氏,繩其祖武,堪稱象賢。二胞兄發宗,殷氏、王氏、張氏,克篤前烈,亦曰惟肖。至若賢□□大人,諱發岱,居風雅之名,擅宏通之譽。日捨藥餌,濟性命於當時;業精岐黄,積陰功於萬代。□非明德之後,報在達人乎?及孝子有源、□氏,才雖不敏,亦聊爲敬承。至若長女,嫁於石門,既宜家而宜室;次女聘於楊氏,亦且敬而且和。豈特一門之慶哉?試觀支流餘裔,亦長發其祥。其如姪男有龍、□氏,有豹、王氏,有虎、趙氏,有堂、高氏、張氏,有芳、張氏,有秀、張氏、□氏,有例、閆氏之數人者,磊落英多,皆爲出衆之才。無惑乎父而子,子而孫,生息之蕃,庶皆可歷歷而記也。試觀姪孫德仁、楊氏,德智、楊氏,德禮、張氏,德□、□氏,德金、薫氏;禄子二,禄昌、壽昌,興重姪孫:潤兒、二潤、福仔、天倉楊氏、二滚、麒麟四子,此可驗□有然。而以後之接踵而至者,有不可量焉者也,《詩》咏《螽斯》,正此謂也。余聞而樂道其事,竊念□年二十有三,書理未明,不敢成文;但屬文於余,余無可以辭,爰書短引,以誌不朽云爾。

邑庠生楊楝梁撰并書丹

大清同治歲次戊辰仲春穀旦敬立

徐公墓碑

【简介】

清同治八年（1869）勒石。今存古交市邢家社乡胡岩刁村徐公墓地。碑高138、宽54、厚15厘米。青石质。阎植撰文并书丹。原碑文无题。保存基本完好。

【碑文】

（碑陽）

大清同治八年歲次己巳應鐘月敬立

皇清例贈耆賓徐公諱海通字四箴暨顯妣常孺人太君之墓

男正邦　邢氏　刘氏　李氏　輔邦　刘氏　張氏　康氏　孫男士元　康氏　士俊　靳氏　士魁

（碑陰）

今夫君子之專慕其人也，必爲之表其里居，詳其姓氏，並著其人之性情、行事，以誌響往，况爲人後者哉？蓋立品不分士農，制行何論窮達？苟其品詣端方，内行純備，居心正直，秉性光明，而亦無愧於儒士矣。如陽邑耆賓徐公之爲人也，自幼資亮聰明，举動不凢，入孝出弟，恂恂鄉黨；所待雙親，朝夕無違；治家有道，教子有規。賴内助之多賢、寬洪、處厚，而童僕亦無怨言；和睦鄰里，村人無不慈愛。公一生獨立、剛强、專務胼胝，既勤人所不能勤，而儉人所不能儉，屢年家貲豐潤，田産興隆。培丹桂於詩書，耕讀傳家，相承數世。至於處世謙和，遇貧者量力周恤，於宗戚、鄰里尤恩禮有加，分外賑濟，而遠近無怨言，非累世積德，終成巨富，享壽六十一歲。常氏所生二子二女。乃子正邦、輔邦，欲表揚先德以示子孫，因思勒諸貞珉，永垂永久。碑成，索序於余。余不敏，然以師東之誼難却，聊述梗概如右。

汾南同邑太學生閻植撰併書

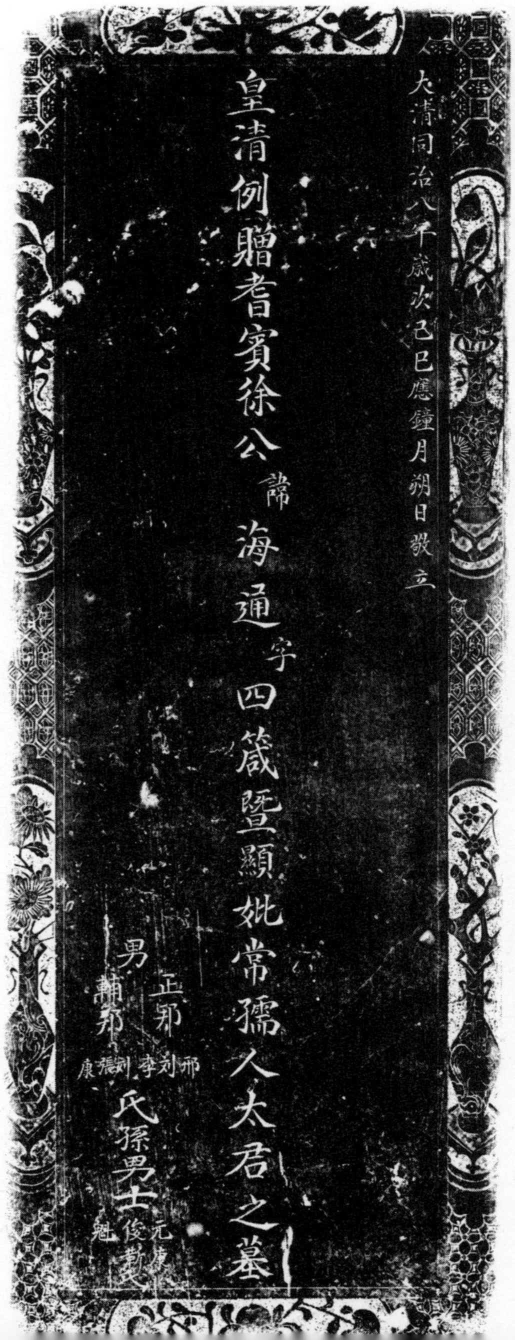

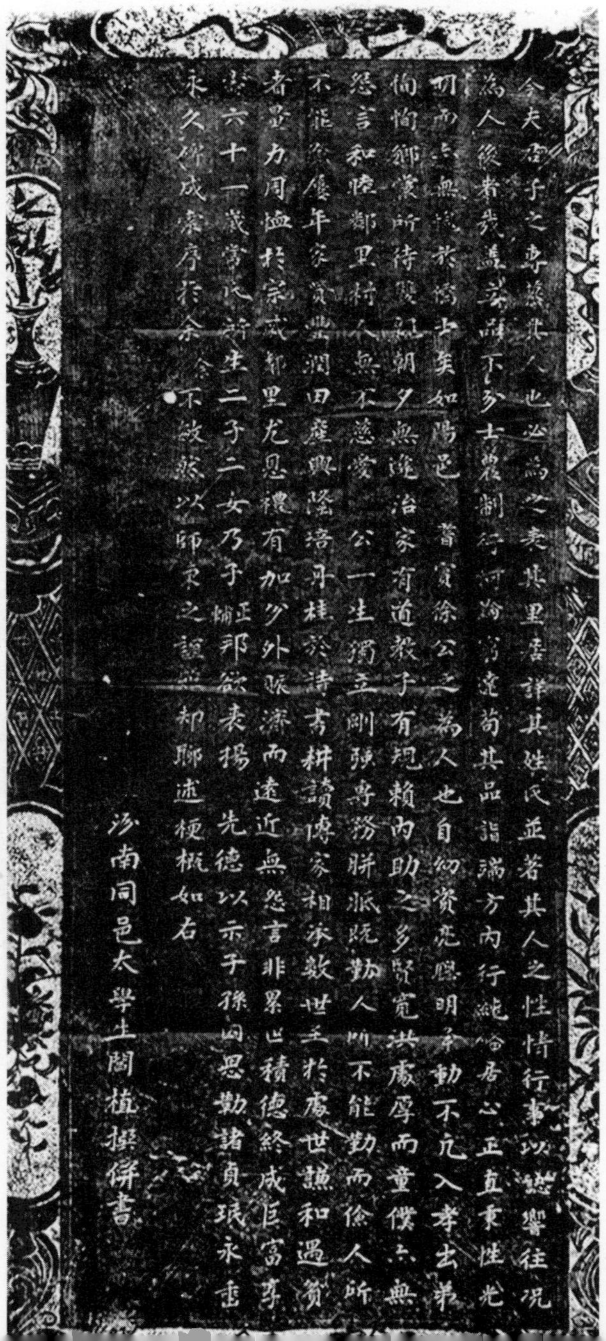

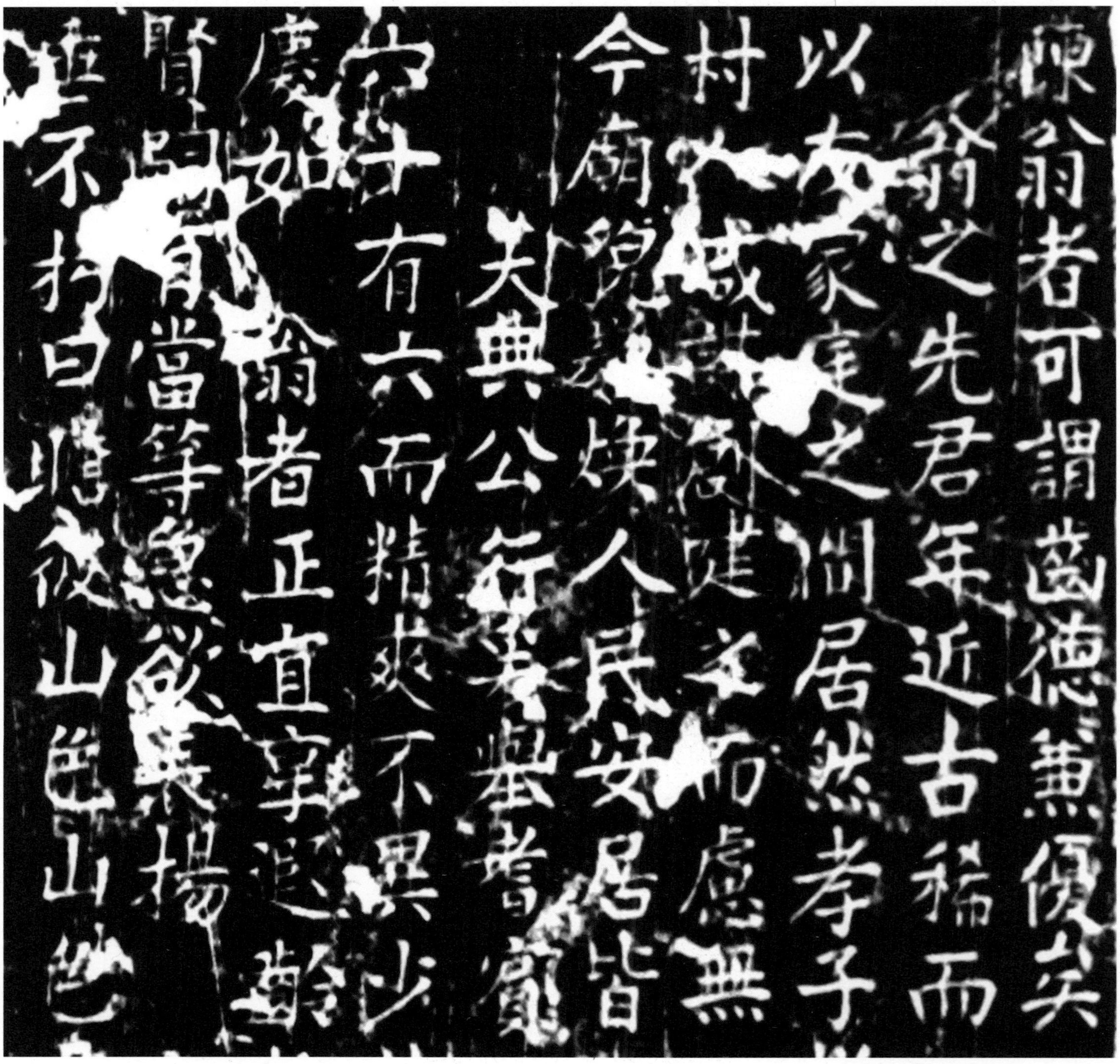

陈翁讳发泰墓碑

【简介】

清同治十一年（1872）二月勒石。今存河口镇角子崖村0.5公里处。墓碑镶嵌于碑亭内。碑高84、宽39、厚13厘米。青石质，方首。碑题为编者据文所拟。阎清治撰文并书丹。保存完好。

【碑文】

嘗聞達尊有三，齒德並重。雖然，齒豈易言哉？如我媦陳翁者，可謂齒德兼優矣。翁諱發宗，聚恭翁之曾孫，玖瑕翁之正孫，開順翁之次子也。翁之先君年近古稀，而翁承歡左右，親志未嘗稍違。翁兄發泰，事之以恭，翁第發岱，待之以友。家庭之間，居然孝子悌弟。至于治家立業，勤儉是聞；接人和鄰，忠厚是著。□□之村古無廟宇，村人咸謀創建之，而慮無人董其事。謀于翁，翁挺然應允，捐資費勞精神，越數年而□成□竣。迄今廟貌巍焕，人民安居，皆翁之力故。雖自幼業農，身終畎畝，而品行卓越，寔鄉曲之一□□。所以，大典公行，爰舉耆賓，而翁猶辭以德薄，不克充其選，其德高彌□之意可見矣！□□□尊壽六十有六，而精爽不異少壯。四子在堂，八孫繞膝，族姪英賢倍多，實難備述。《易》曰："積善之家，必有餘慶。"如翁者，正宜享遐齡於無窮，保子孫之昌熾焉。且晚輩年幼才劣，詎敢妄擬盛善？無奈翁之賢嗣有當等，急欲表揚親德儀型，後人數以行狀示余。□□辞淺陋，聊申數語，裨翁之□□，永垂不朽。

曰：瞻彼山色，山色蒼蒼；涉彼汾水，汾水洋洋。善行成風，山高水長。厚德若兹兮，永保無疆。

邑廪生家姻眷晚閻清治頓首拜撰並丹書

大清同治十一年二月穀旦敬立

□聞達尊有三齒德並□難□□□豈易言哉如我　尊翁陳翁者可謂齒德兼優矣　翁諱發宗□

發恭翁之曾孫玖瑞翁之正孫□開順翁之次子也　翁之先君年近古稀而　翁兄□□□

親□未□精□　翁與發泰發□以發弟　發岱待之以友家室之間居然孝子悌弟至于治家

立業勤儉克□接人和睦忠厚是□□村古無廟宇村□□□□建之而處無人董其事□□

翁□□挺然出力捐資□□精神振□□□□□□竣迄今廟貌之煥人民安居皆　翁之力□□

自幼業□□□□□敬而品行卓越□鄉□之□□□所以　夫典公□□□□□而　翁猶謙讓□

德□不克究其□其德高弥□之□□見□□□壽□□十有六而精爽不異少壯四子在堂□□

孫綿綿蕃衍匡英□倍多賢難備述□曰積善之家必有餘慶如　翁者正直寡過□於無窮保子孫

之□風□其晚□□□幼才□能□□□□誠善無□□翁□□□賢□□□當等□欲表揚　親德儀型猶□

敬□□行□示余□□□□□□□□□□翁之□□□不扣曰□從山□山色蒼蒼□從□□□

汝水洋洋□□行□□□高□長□□□□□□□□

邑庠生家姻眷晚閻清治頓首拜撰並丹書

大清同治十一年二月　穀旦　敬立

创修真武庙圣母庙碑记

【简介】

清同治十二年（1873）七月勒石。今存古交市河口镇角子崖村圣母庙内。碑高 170、宽 75、厚 16 厘米。青石质，平首方座。杨缵绪撰文，赵达成、赵达全、陈有例书丹。原碑无题，今题为编者据碑文所拟。保存完好。

【碑文】

蓋聞有功於民則祀之，有德於民則祀之。苟能爲民禦災捍患，未有不祟之祀典者也。是以聖王先成民而後致力於神。我邨自卜居以來，原無廟宇，每遇祈報，偶設壇壝，甚非所以庇神而祈福也。我邨仁人，因民和年豐，歸功於神祇，思隆其禋祀，創修廟垣，新建浩劫。故於同治四年孟夏之月爰鳩工匠，大興土木。數月之間，功成告竣。又加以四方君子樂於捐輸，共襄盛事，由是真武廟、聖母廟正殿三間，内窑而外房，檁柱椽瓦，巍然俱備。又起東西兩窑口以爲住持、糾首棲息之所，爰立鍾樓山門以爲祭祀享賽真衆之具。山門以外，又有地基一塊，以待異日建戲臺之扯。於是五道神可以庇，福可以祈，而俗可以善云。是爲記。

陽曲縣儒學生員楊纘緒撰　施銀三錢

（因此處碑文漫漶不清，故功德主、糾首、佈施人員名單略）

共花費錢五百八拾四千五百一十二文

鐵筆人　趙達成　趙達全　陳有例書

大清同治拾貳年七月吉日立碑

來原無廟宇每逢祈报偶設壇壝甚非所以旋神而祈福也我邨仁人
同治四年孟夏之月爰鸠工匠大興土木數月之間功成告竣又加以
基一塊以待異日建戲臺之址於是五道神可以庇福可
功陳發氏
德陳有豹王氏子德金氏孫香平子施艮叁拾叁仟六百八十文
主陳德義趙氏
氏孫銀成子施艮弍拾四千○四十文
經陳發宗
陳子恒
施艮壹千四百文
理
陳有蕭
人
陳德來子富
陳現珠
趙達成施艮一兩
楊萬順施艮一兩
大清同治拾弍年
立碑
共施費錢五百八拾四千五百二十二文
陳有樹書

次重修五龙庙碑记

【简介】

清光绪元年（1875）二月勒石。现存古交市河口镇崖头村五龙庙内。碑高160、宽70、厚17厘米。青石质，方首，额题“千古不朽”4字。杨跻堂撰文并书丹。保存完好。

【碑文】

次重修五龍廟碑記

蓋聞有功德於民者則祀之。神之有廟，民之所以報功德也。我村舊有五龍廟一所，以棲神靈。自荒古重修迄今七十餘載，風雨飄淋，鳥鼠穿鑿，殿宇幾至□折，實不堪望。是以我村糾首耆老復起意重修。於癸酉春動工，於歲終告竣。是非有神助，何以若是之速哉！共計費金五十餘萬文，奈村微力薄不能獨支。幸有四方好善來助，以共成美事。今於事成之日，妥將衆善皆銘於石，以垂不朽云。

庠生楊躋堂熏沐撰并書

（因此處碑文漫漶不清，故功德主、糾首、佈施人員名單略）

大清光緒元年歲次乙亥丑月吉日立

次重修　五龍廟碑
蓋聞有功德於民者則祀之
廟一所以棲神靈自荒古
是以我村糾首耆老復起意
共計費金五十餘萬文奈村
妥將衆善皆銘於石以垂不

张公讳巨贤行述

【简介】

清光绪八年(1882)七月勒石。今存古交市邢家社乡下庄村。碑高110、宽46、厚12厘米。青石质,平首方座。史敬德撰文并书丹。

【碑文】

張公諱巨賢行述

夫張公者,上有四兄,公居行五者也。長兄巨金,仲兄巨全,叔兄巨泰,季兄巨山,俱葬於祖塋,地名則巍圪塔是也。公之遷於新塋者,祖塋之地位褊狹故也。夫公之爲人也,天性聰明,自幼以躬耕爲業,而於聖賢之書雖未嘗多讀,凡一舉一動誠未有不合乎天理人情者也。及至中年,農商兼營,不數年而家業豐裕,人輒有鴟夷氏之諷也。迨至老年,爲善愈力,見危急者必周濟而扶持,人皆稱爲善士也。夫論公之善心,施於家也。當年,公兄巨金去世,不幸而公姪亦亡,姪媳改醮,撇老嫂而年邁,遺孤孫而幼弱,飲食衣物賴何人而供給也哉?惟公肩荷獨任,養老嫂而終年安葬,撫孤孫而入冠成人。又仲兄巨全,壯年謝世,寡嫂改醮,乏嗣無後,遺一幼女無人恩憐,惟公撫養及笄,嫁於申家山武姓爲家。公竟將次子過嗣頂門,将仲兄終年移葬於祖塋。則養老携幼之情不足動論,而其存心不有無愧於天地鬼神者乎!抑論公之善心,發於外也。大川都爲摧粮之事屢年受害甚大,若公不作幹,受害有何底止?公乃盡心竭力,會同合都之人同官立約刻石,派股頭、甲頭輪流摧粮,後人永遠不受其害,不惟一家被其澤,則合都均沾鴻恩無涯矣。所以内而鄰里,家家咸欽道範;則外而鄉黨,處處亦慕徽也。余與哲嗣中和等相交投契,前蒙東夥之情,今屬師長之儀,公畢生之善行善德無不可歷歷而指也。故記此序,以垂後世不朽云爾。

徐溝縣清源鄉高白鎮儒學生員愚姪史敬德薰沐頓首拜撰

長兄巨金仲兄巨金叔兄巨泰季兄巨山
褊狹故也夫　公之為人也天性聰明自
天理人情者也及至中年農商兼營不數
周濟而扶持人皆稱為善士也夫論　公
撫老嫂而年邁遺孤孫而幼弱飲食衣物
冠成人又仲兄巨全壯年謝世寡嫂改醮
公竟將次子過嗣頂門將仲兄終年移葬
者乎抑論　公之善心發於外也大川都
力會同合都之人同官立約刻石派股頭
無涯矣所以內而鄰里家家咸欽道範則
屬師長之儀　公畢生之善行善德無不

张公讳中和字调元行述

【简介】

清光绪十年（1884）勒石。今存古交市下庄村。碑高 123、宽 46、厚 12 厘米。平首方座。□□德撰文。碑下方已断为 3 块。

【碑文】

張公諱中和字調元行述

且夫張公者，樂善好施之君子也。當夫光緒三四年間，三晋一省天造大荒，鄉村之人餓死無數。公發粟就饑，全無市利之心，不特内而宗支庶免餓莩之苦，外而鄉黨均沾賑恤之恩。存心如此，真有無愧乎天地鬼神者矣。公當弱冠之時，公父家法甚嚴，每日令公□□□□。雖身爲牧人之事，而心愛聖賢之書，懷揣書本，乘羊吃草，隨便即讀，一時讀書有感。□□□□小節，何足成其大事？将羊抛棄山間，不敢回稟嚴君之命，私逃晋省清真寺，延師習武。□□咸豐己未之年，身遊泮水，越一載，辛酉名登殿魁矣。武功既已，小成學問，從此日進。身已□病，手不失卷。看書四十餘年，所以百家之書、歷代之史，無不了然於心，日知己者皆稱□爲“敏而好學”者也。及至中年，家父将家務推其執掌，公将体身所績財産一千餘□，弟中正、中庸、中立各績錢財數百餘金，一齊撥入公中，同心協力，振理家務。至不惑□年，財發數萬，家産地業比父之手增長數倍矣。公與余相交甚契，公之善□□歴可知。謹成小律，聊以表厥行，永垂後世不没云爾。

徐溝縣清源鄉儒學生員□□德頓首拜撰

張公諱中和字調元行述

夫張公者樂善好施之君子也當夫 光緒三四年間三晉一省天造大荒鄉村之人餓死無
數公發粟就餓全無市利之心不特內而宗支庶免餓莩之苦外而鄉黨均沾賑恤之恩存活
如此真有無愧乎天地鬼神者矣 公當弱冠之時 公 父家法甚嚴每日令 公
雖身為牧人之事而心愛 聖賢之書懷揣書本乘羊吃草隨便即讀一時讀書有感
小節何足成其大事將羊拋棄山間不敢回稟嚴君之命私逃晉省清真寺延師習武 咸豐
己未之年身遊泮水越一載辛酉名登殿魁矣武功既已小成學問從此日進身已 撒手不
失卷看書四十餘年所以百家之書歷代之史無不了然於心日知己者皆 為敬而好
學者也及至中年家 父將家務推其執掌 公將体身所續財產一千餘 華中正中
庸中立各續錢財數百餘金一齊撥入公中同心協力振理家務至不数 年財發數萬
家產地業比 父之手增長數倍矣 公與余相交甚契 公之善 歷可知謹成
小律聊以表厥行永垂後世不沒云爾
徐溝縣清源鄉儒學生員 頓首拜

重修五庙新建碑志

【简介】

清光绪二十五年(1899)勒石。今存古交市岔口乡麻会村圣母庙院内。所谓五庙,乃关帝庙、黑龙神庙、观音庙、送子娘娘庙及山神庙。碑高188、宽77、厚18厘米。额题"万善同归"4字。张恩荣撰文,张务本书丹。

【碑文】

重修五廟新建碑誌

嘗聞作善之功,必有祥降;作不善之功,必有餘殃。神察其善惡,報事之不爽,然必廟堂潔净,俎豆馨香。况息於人心,萬古英靈,有感則通乎?以是知修寺建廟之典,由來久矣,况舊有五廟之義,而物頹不振?今因民心,高而有制,卑而有節,華而不奢焉。麻會村西有関帝廟三楹,東有觀音閣壹座,南有黑龍宮壹所,村正有聖母廟壹所,中有佛堂廟壹所,歷年久遠,瓦石破爲淒炯。村中畏其殘落之甚,然而老子嘆昔者多年,庶民欲修者幾次,以復其舊制焉。関帝,忠心貫於日月,大義參於天地,所謂朝顯其爲靈;黑龍,與民賜福,與地生輝,當萬類受其膏澤;觀音菩薩之佛,人間聖母,天上麒麟;往送佳人,亦崔其士子,閲其痘疹,以及送子娘娘也;山神,保一方之康泰,佑四季之平安;彌陀,人民祈祝,澤被蒼生。由是觀之,則神之爲靈,不誠昭昭乎?闔村議定:以舊换新兮,塑像而神披金兮,定時日而察陰陽兮,西乾榆林橋兮,畫成於樓臺兮,連代馬棚兮,鐘鼓樂兮,無多量公兮,如松栢之茂榮矣哉!業已衆廟、院墻、門樓一並新建。天時順地,村中獨力難成,庶民扶助,利祥人情,即賴四方仁人、長者、高賢、同親樂佈。金錢多寡,雖然不一,無非祈默佑之意。創修於千古之名,而且洵萬世之業,諸公名號或仗儀以輸財,多多而益善,好仁而賤貨,作種種之陰功。若工成告竣,所謂作文以記,勒石以著。將後勒於某錢貲某姓之所施也,知某善人某工之所助也。亦□鳩百工經營其權致於天地之間也耶。

邑儒學生員張恩榮沐手謹撰書

邑處士童生張務本沐手敬書

功德主　武生張□月　武生張懷遠　生員張恩荣各□錢壹佰伍拾仟文

総經理　張□明　張化蛟　張德荣

經理糾首　張恩荣　張務本　郭忠院　郭啓福　張五彩　郭玉興　馬興海　何□献　馬力竭　武生李九維　張通邦　武存福　何文湛　李生金　張□禄　何文有　武存荣　張茂本　郭振福　李進蒼　李有盛　張富荣　李堯生　張樹花　王萬禄　張五世　李登山

瓦匠　高憲文

玉工　郝玉銀

木泥工　王廣□施錢壹仟文

水泥工　□合□

丹青　張鴻恩施錢壹仟文　馬玉清　馬義茂施錢壹仟文

大清光緒二十五年歲次乙亥月丁亥日穀旦立

萬善同歸

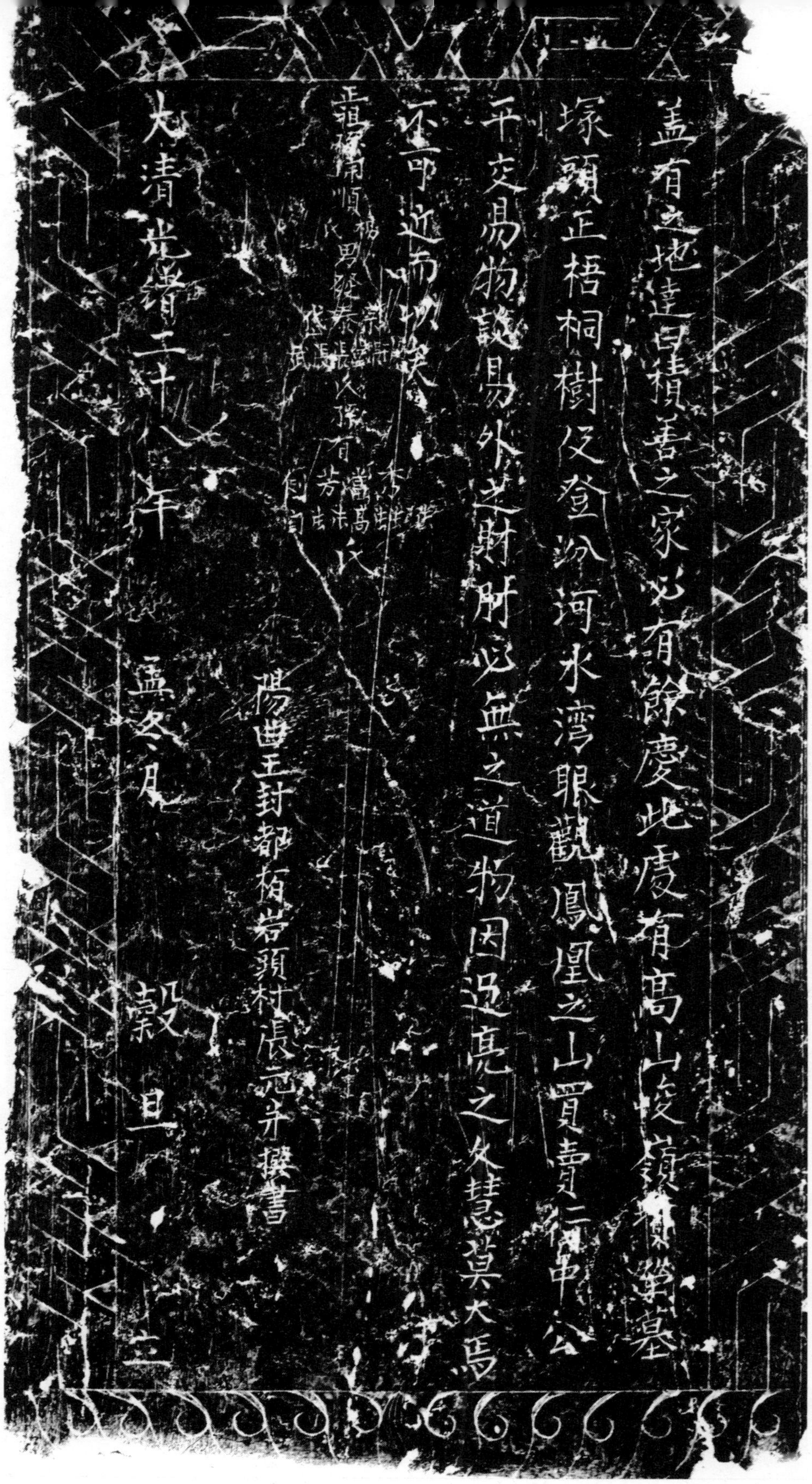

陈氏家族墓碑记

【简介】

清光绪二十八年(1902)勒石。今存古交市河口镇角子崖村东南1公里处。碑高73、宽40、厚15厘米。张元并撰文并书丹。原碑无题。

【碑文】

盖有之地達曰:“積善之家,必有餘慶。”此處有高山峻嶺,墳塋墓塚,頭正梧桐樹。及登,汾河水湾,眼觀鳳凰之山。買賣行中,公平交易,物談易外之財,肘必無之道物。因□亮之久,慧莫大焉,不可近而以矣。

正祖孫開順　楊氏　男發宗　□氏　冀氏　發泰　張氏　發岱　張氏　武氏　孫有秀　張氏　張氏　張氏　有當　高氏　有芳　張氏　張氏　有例　閆氏

陽曲王封都栢岩頭村張元并撰書

大清光緒二十八年孟冬月穀旦立

中华民国

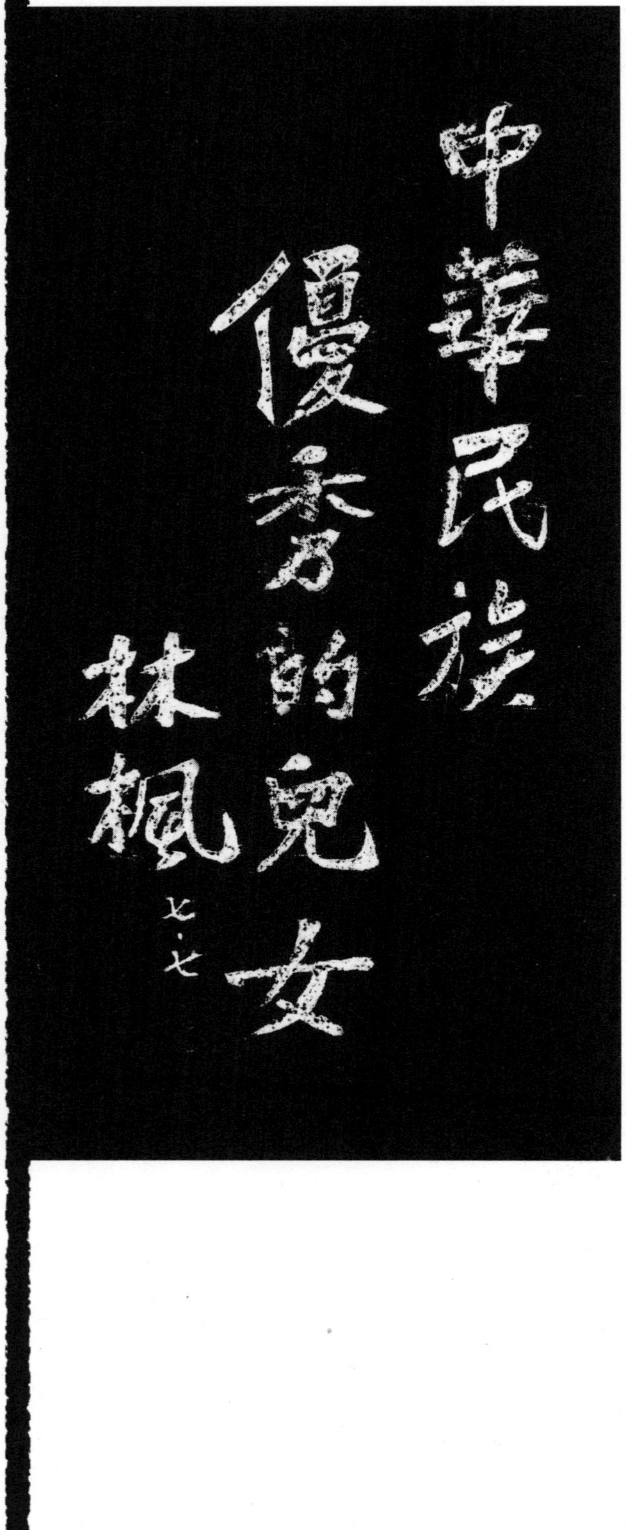
中華民族
優秀的兒女
林楓
七·七

崖头村重修黄龙洞庙碑记

【简介】

民国7年（1918）勒石。今存古交市河口镇崖头村。碑高107、宽47、厚15厘米。圆首，额题“千古不朽”4字。原碑文无题。碑下部裂，碑首右上部残缺。碑文基本完好。

【碑文】

蓋聞聖云：神恩洪大，濟世無窮也；忠灵常在，誠求則應。吾崖頭村村東古有亦黄龍洞庙，至今漏塌無所。人民公議建修神堂，同心一体。民國五年大旱六月矣，尽天高之際，愿祈甘霖，由然作雲，沛然下雨，五□豐收，處處滿□。至於村民、花户、施費，開列于後也。

總經理修廟　張國萬　張如貴　張慶厚　張三庫

五年糾首九家　張克禄　張克光　張克隆　張慶寬　張慶厚　張國萬　張如貴　張如隆　張三庫

水善□八家　張克禄　張正寬　張慶寬　張發庫　張三千　張三金　張巨斌　張巨萬

七年糾首　張慶紅　張如林　張國旺　張巨忠　張三千　張三仁　張巨□　張清通

石匠　崞縣郝近官　張丕華　劉連科

本村陰陽張鎖布施銀二兩

書丹　殷深山

撰文　康學章

張巨善施捨碑□壹統

中華民國七年十一月望月穀旦吉日立

龙王庙记

【简介】

中华民国12年(1923)勒石。今存古交市邢家社乡上庄村龙王庙内。碑高160、宽60、厚15厘米。圆首。折现柩撰文,刘发广书丹。

【碑文】

龍王廟記

昔黄龍助禹治水,五載成功,諸葛武侯因再建其廟號,記以垂不朽焉。蓋聞雨暘時若,端賴龍德次生,粢潤又生,惟其□□顯應。龍王廟依山□水樹交加,莫不壯麗其观。余里僻處村東,舊存龍王廟一所,左上関聖帝君,上保□□,下安生民;右傍風神,□五風十雨。外南前朱雀而後玄武。□□名太和,太和改五當山,斬妖捕□。南海大士於天下也,楊柳枝頭,座下蓮花,廣湧慈雲。□年深□□,不知何朝何代建自,雖屢經修葺,由來久矣。殿宇傾,院東西兩廡,□□損壞,亦□摧殘。村中人不□坐視,目擊心傷。□君海福、海珠與靳昌、宏昌共同議議,重改東廡石窑三眼。但工程浩大,五年費金一千有餘,伏七四方君子,好善樂施。《易》曰:"積善之家,必有餘慶。"《書》云:"作善降之,百祥共□。"盛事永垂不朽云爾。今將士貲鴻名,開列於後。

本□東溝村牌長折現樞沐手撰

僻□刘發廣薰手書

經理賬溥□　劉□□

(因此處碑文漫漶不清,故功德主、糾首、佈施人員名單略)

中華民國十二年仲月丁卯日穀旦

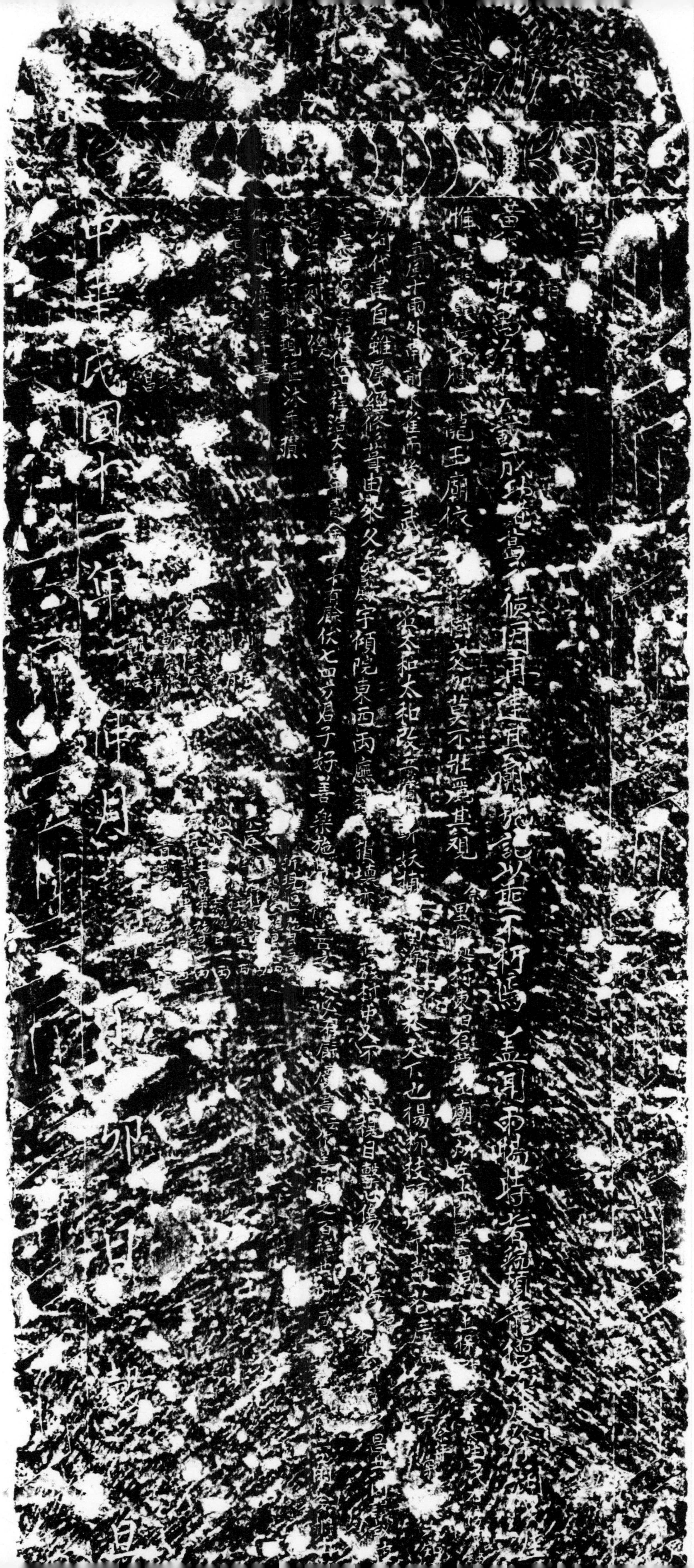
中華民國十二年

重修五龙庙碑记

【简介】

中华民国15年（1926）勒石。今存古交市屯兰街道办事处鹿庄村五龙庙内。碑高180、宽82、厚17厘米。青沙石质，圆首方座，额篆“万古流芳”4字。丁大有撰文，康锦玉书丹，康景熙篆额。

【碑文】

重修五龍庙碑記

嘗思前人不有其作，無以爲後人述之之階；後人不有其述，将以失前人作之之意。此固前人作之，後人述之，誠自然之理也。鹿莊村南舊有龍王廟一所，作爲鹿莊、姬家莊、木瓜會、南梁上、白草塔、對坡等六村演劇酹神之地。滂沱救旱，靈應澤沛，其有關於群黎生庶豈淺鮮哉？爰及創建，未稽何年。自康熙年間重修後，迄今二百餘年，神像幾有暴露之虞，山門已具杌隍之勢。於是，六村紳士等，深以爲憂，每念前人創作之意不忍廢棄。會及六村大衆公議重修，均以爲善舉，無不協力贊助，勸捐解囊。夫而後擇日鳩工，採辦物料，將原有之正殿三間移後重修，惟正殿左右另修禪各三間以作演劇、辦公下處之地，復將鐘樓改懸於山門頂上，較之舊日規模廓大，巍焕可睹。一時往來行息者，莫不以爲壯觀焉。然不數年而工成告竣，神靈於是乎妥，而前人創作之意亦於是乎慰。後人苟能體前人創建之意，相繼補葺，無廢後觀，是則余之所厚望也夫。是爲記。

（因此處碑文漫漶不清，故功德主、糾首、佈施人員名單略）

交邑前清生員丁大有撰文

本村前清生員康錦玉奉書

本村學校教員康景熙篆額

中華民國十五年歲次丙寅五月初九日穀旦立

重修五龍廟碑記

晋绥边区党政军民殉国烈士纪念碑

【简介】

晋绥边区党政军民殉国烈士纪念碑始建于民国33年(1944),原占地约3500平方米。1998年,古交市人民政府对烈士陵园进行了扩建,增建了近300平方米革命文物陈列展厅,收藏了大量珍贵的历史资料。该碑是山西省革命传统教育基地、太原市文物保护单位。

晋绥边区党政军民殉国烈士纪念碑,高8米,共四面,碑阳为“晋绥边区党政军民殉国烈士纪念碑”15个宋体大字。碑阴为碑文,林枫撰文。碑顶屹立着抗日战士的英姿雕像,碑阴侧镌刻着革命领导人的题词和殉国烈士的英名。保存完好。

【碑文】

古諺有云:“志士不忘在溝壑,勇士不忘喪其元。”誠哉斯言也!溯自蘆橋變起,寇焰猖狂,不旋踵而平津失陷,幽并淪亡。敌踪所至,廬舍為墟,淫擄燒殺,萬民塗炭;神州半壁,幾被異族强占,三晋河山,任令倭寇縱横。彼擁重兵者,不但不能抵禦外侮,反而聞風潰逃,殘民以逞,使廣大人民陷入水深火熱、顛沛流離、無依無靠之境。正當此時,我中國共産党領導下的國民革命軍第八路軍,深入敵後淪陷地區,結合群衆,堅持鬥争,于是汾、文、交、徐、離之健兒,清、太、静、陽、方之英傑,風起雲湧,結成洪流,展開猛烈的游擊戰争,燃燒起抵抗日寇之烽焰。七年來,前仆後继,英勇奮鬥,創造了廣大的抗日民主根据地,建立了强大的子弟兵团,威逼并垣,控置太汾。敵寇雖一再殘酷掃蕩,實行三光政策和囚籠蠶食,曾造成我四〇年至四二年之嚴重困難。但我軍民在共産党正確領導下,艱苦奮鬥,英勇犧牲,打退了敵寇的進攻,鞏固了抗戰的陣地,創造了無數可歌可泣的戰績和事蹟,敵僞喪胆,萬民歡騰。我分區部隊在幾年的殘酷戰鬥中,已鍛練成爲一支不可戰勝的力量,打下了將來勝利反攻之基礎。其所以能如此者,固係我党政軍民艱苦斗争之成果,而尤爲我諸殉國烈士之功績也。

七年的抗戰,我們犧牲了無數的忠勇烈士,他們是中華民族的優秀子弟。他們頑强搏斗,效忠民族,殺身成仁,捨生取義,正氣磅礴,大義凛然,真可謂日月而照古今。這樣的死是爲國家民族而死,爲人民大衆而死。死有重如泰山,輕如鴻毛,若諸烈士之死,可謂爲泰山之重,死得其所矣。

當兹反攻將至之期，勝利在望之際，我全分區軍民誓爲殉國烈士復仇，踏着先烈的血跡前進，完成先烈未竟之事業，驅逐日寇，恢復河山，諸烈士九泉亦可瞑目矣。滔滔汾河水，巍巍吕梁山，諸烈士之英名，將如水之長，如山之永，萬世流芳，永垂不朽！

專員　康世恩

司令員　王長江

政治委員　羅貴波

付司令　張希欽

抗聯主任　侯建華

武委會主任　劉壽宴

晋绥边区第八区烈士英名录

共计烈士1210个名字

第八分区烈士任职姓名

八分区专员　顾永田

三地委组织部长　崔一生

三地委秘书　李文

汾阳县委组织部长　李承武

汾阳县委书记　王振东

阳曲县委组织部长　郭明远

离东县委宣传部长　温元青

专署武委会组织部长　顾德俊

太原县长　周洪涛

清太县委组织部副部长　杨振国

区委书记　曾震之　高玉廷

区委　王孟　赵应虎　侯瑞亭　张坦　张杰三　梁从地　王国荣　韩林科　王智和　韩振文　张振新　张伯年　贾长安

静乐民兵大队长　冯文富

县武委会主任　张挂成

交城建设科长　张志贤

太原县科长　王子钦

文水民政科长　赵唐风

区长　王国英　赵金海

县农救秘书　张明

区委书记　李文庆

区民兵大队长　邓光俊　吕诸全　洪献新

区青救干部　李官泽　樊哲　侯远德

区助理员　张家财　雷振全　张艾卿　白锦江　王耀则　王子玉

司法书记　武芝五

区妇救干部　杜凤英　李秀珍　林青

工救干部　张飞　李坚孩

交城县会计　韩果夫

区牺盟秘书　段聪

支部书记　李德信

交通局干部　胡琛

支部组委　任敬喜

支部选委　武挨年

自卫队长　尹虎城

自卫队指导员　杨效先

交通员　马龙　王林秘　武绍龙　李恒才　李丑林　梁五孩

民兵　武牛儿　张成亮　温林苟　王六月喜　王子贵

战士　郝振恒　赵良忠　黄金英　闫富贵　高德胜　李柱儿　郭保儿　刘守成　齐来桂　白金喜　冯守仁　郝振盛　李耀亭　张石福　郝二则　冯世俊　张世祥　徐成红　杨文庆　成白亮　李冬生　郭铁夫　杨和尚　梁子成　张麻子　李秃子　刘香　郭双全　杜润如　李保先　吴狱牛　郭三娃　贾明亮　郭盛兴　霍光照　徐疙堆　张明谦　曹二林　张金贤　郭二只　苑二只　武成印　王学金　高臭儿　李清贤　武亲儿　李根惠　李如保　任民中　王中青　郭正明　王登科　贾庆云　秦耀舟　李贵　王文华　赵增侯　阙常义　董福兰　何来青　赵学文　王来有　张益维　梁见成　马有信　武占奎　蔺文明　王振海　李登仁　杨占奎　曲三晋　刘吉　靳登云　张金蓝　刘兴科　王彦启　杨二锁　宋万福　朱三流　郭嘉胜　赵德胜　郭振恒　王拴贵　王守富　李太元　刘怀选　曹万河

组织科长　吕应时

宣传副科长　周鹏程

供给副处长　王象山

连长　陈志明　黄选生

副连长　何彪　葛润芳　丁树堂　郭强　侯振江

排长　孙熬　谢全贵　崔俊峯　张洪亮　牛文立　赵文生　贺善元　周凤岐　李清俊　张满庆　赵拴虎　郭保喜

排级干部　朱占峰　赵鸿儒　杨振江　王更起　杨光来　刘岗山　刘建峯　窦万库　善鹤轩

副排长　王亭岳　冯 庆 李道生　王俊卿

副班长　何发　蔡拾要　广发珍　谢永山　赵秀山　梁耀　王万福　李树林　张明海　梁玉山　孙玉珍　张怀修　田端拴　王林耀　王文珍　赵巨贤　陈记录　李庚阑　牛城　任双喜　王声明　李殿卿　曹学增

李凤岐　陈传周　王英　张保田

班长　于廷王　周振海　李炳森　朱景耀
韩成立　王贵财　李云卿　程文瑞　于金喜
张兴盛　张增林　贾保庆　徐振山　李根全
杨化普　宋相全　王金明　张克勤　吴兆和
黄光先　刘宗义　孙双林　夏玉龙　孙桂仁
李三会　刘俊世　邸友林　杨年子　张福全
李红邦　刘选堂　李进才　李树堂　田德泉
崔振武　张增林　刘士芬　张占元　任锡久
刑正启　王振栋

区委书记　巩惠民

区长　王承基　张金海

连长　赵受长　宋子福　郑海清　杨普永

收报所长　闫忠荣　郭树青

排长　马子义　宋志洛　郭金侗　牛士成
张增柱　冀电　张玉华

教育科长　郝荣本

宣教股民　兼指明

民运干事　宋士彬　倪玉欣

青年干事　刘法典

宣教干事　蒋鼎生

音乐教员　苑艺

敌工干事　于吉

班长　胡明　杨文岗　赵振国　王得银
张枣立　王少才　张名雄　赵占标　常守成
范维忠　于刚顺

副班长　王金水　李冬牛　白三年　宋保成
刘喜成　李应弟　王彦珠　刘达中　李保国

战士　武元缘　黄金印　杨万胜　张敖卿
寇万银　张根全　赵德胜　希福新　王同军
黄天喜　刘根起　陈玉光　黄金生　冯国义
王长太　侯贵头　高士永　杨起身　刘喜喜
辛林喜

侦查员　李欠生　赵子清　兴来　殷金福
王正清

排长　康学义　赵荣成

班长　游根柱　杨知学　张顺义　白三年

战士　庞天顺　吴亲儿　闫富贵　张明谦
曹林　赵银

班长　殷兆亭　崔结福　李占奎　甄志武

交通员　杜世俊

通讯员　杨长保

宣传员　曹德青　晓牛　徐瑞云　王彬

张发刚

政教　李寿符

政指　董占元

战士　郑武儿　史補根　徐四疙瘩　吴保则李根会　高德胜　白吉中　冯玉山　李桂则　梁疙瘩　高学贵　任双龙　辛振声　高应宵　田锡孝　李德云　杨万田　刘玉山　陈二牛　刘保喜　魏正元　李勤学　王全盛　陈树云　王永堂　王生森　史廷顺　薛志连　段天财　王长有　马福智　边方成　贾存光　刘　谦　陈风岗　张如佩　马三有　尚始鸿　李阑　王文兴　赵万长　李书文　贾万财　郝振师　梁来生　王起祥　张锁子　侯喜保　罗存康　杜狗三　牛光沿　赵四珠　郭喜根　宁三牛　马贵生　石正光　夏根敏　李三全　王治儿　刘三元　杨德富　赵拴良　李万珍　吴海明　李春黄　张文良　刘满苓　郭三保　张银祥　高志其　李成华　潘建良　宋英　张长命　杨二毛　赵二郎　王玉林　王义仁　薛同林　赵玉智　岳凤祥　赵士喜　孙应祥　马凤孩　王万成　李三先　刘会选　杨建功　赵登虎　孔三喜　石　俊　郭文华　刘恒祥　周兴成　王向旺　张意德　周其喜　温国维　李庆贵　任金喜　薛云成　杨五海　贾林秦　王全保　郭忠贵　王根拴　王成　赵存海　郭兴明　夏增平　吴来福　李润喜　贾尚图　孟德富　游林月　常海林　郭洪恩　陈友三　王树堂　赵明亮　王德茂　乔世武　刘来喜　潘德胜　褚西连　车三道　吴凤禄　李之瑞　李正龙　李荣奎　张仲民　孙国芳　李成德　武国保　蔡海珠　李福全　郭开元　张万全　孔三喜　严顺玉　李廷万　郑学贤　闫有胜　刘成海　李会长　崔如光　刘春芝　李登云　王德胜　高正华　陈亚生　张四和　段福祥　车德保　周吉仁　贾季清　赵仲　杨甫　张建德　张玉堂　刘二则　梁长旺　褚玉林　马存林　李占有　郭光先　任红千　佐国民　孟金福　翟星伍　尹根源　田海偏　冯修　李福有　桑孝春　閔阳华　江荣华　张来仓　刘家有　赵福祥　王喜银　任秀江　王德胜　李聚喜　葛家海　秋来富　王月春　王子和

通讯员　李兆琦　任吉胜　郭来元　陈任马　王玉山　陈炳义　赵德鸿　陈长福　侯万德　李志刚　梁之元　张五利　张正邦　高玉山　王永章　王世科　马世文　段云　高德胜　陈增　田来荣　赵守祯　白吉明　祝雪山

战士　任桐林　李茂只　王庆拴　吴照和　闫德元　孔祥成　王志黄　刘双存　郭占辉　陈武法　刘士通　王振茂　冯根华　吕周兴　王长青　赵暮春　李世忠　贾根茂　刘殿臣　张贵来　王树林　董云山　王士

通讯员　赵三货　王克俭　陈光来　王文昌　高德

战士　田双根　田金有　王丑娃　刘春祥　闫九高　张记福　王金水　翟方坡　孙学　焦占奎　贺福生　陈登合　程见仁　赵长发　孙俊卿　刘顺礼　杜全标　李洪耀　齐根成　李进义　王意堂　王进贵　吴永学

通讯员　杨玉山　闫厚仁　吴强　闫忠林　温正海

副司令员　刘德明

团长　王何金

作战科长　赵永德

卫生部长　张汉斌

营长　唐智　董自仗

副营长　张良臣

连长　张春泰　李风池　刘世汉　袁密　张达　霍银　颜居远　赵承普　李玉信　刘明银

供给处长　张学智

副连长　鲁子明　胡新堂　王魏

连长　李培祥　吴玉祥　杨贤文　刘效增　贾绪统

参谋　石中山　张志文　刘守贤　王笃泰　陈耀庭　梁铿

出纳股长　冯庶熏

副官　赵杨誉

见习参谋　边侗义　耿承清　张国选　王瑚

副官　尹常奋　韩宝　郭安仁

出纳员　张树典

会计员　□纪有

生产干事　郭金山

粮算员　陈钦吉　索富生

军械员　王崇英

军需　张顺义

排长　庞吉明　刘金义　高功俊　田来贵　侯国廷　周成俭　周占敖　李兴有　李润生　崔富贵　胡玉吉　吴敬斗　张廷信　吴永祥　向来旺　张玉山　晁玉亭　陈金鸣　朱志国　孙云海　梁成财　尤树根　杜丙云　薛天佑　韩长福　廉学义　张振华　冯顺治　石超雄

副排长　刘廷生　郭子青　侯福元　杨吉斋　张吉绪　杨世昌　张志明　赵永田

连长　郭生昌　薛定耕

特务长　郭甲戊　郑维成　郭开泰　王金保　张顺义　王顺

政委　牛继增

主任　郝维靖

教育股长　武振江

宣传干事　南地

锄奸干事　张兆选

敌工干事　王文伦

政指　马炳喜　李天章　卫效贤　冯守勤　王壮步

敌工股长　张士进

副政教　王哲民

组织干事　郑作五　黄自强　刘珠惠　董兆鹏

青年干事　白冬青　赵奔

统计干事　吕岱山

外勤干事　孙谨行

民运干事　李士武　卫清学　马世林　杨勇　赵元龙　牛国忠　白锦江　孙绍英

政指　靳凤山　周世英　商旭初

副政指　侯建章　赵则宣　韩弼　张正才

文教　郭世修　武发元　张应宵　刘世茂

管理员　郭宗基

战士　孟福有　郭恒光　朱炳熊　李如明　刘金标

司号长　杨炳林　马成怀

□生　同礼

情报站长　赵润生　崔得功

学员　曹治国

测绘　员张崇喜

班长　韩雄发　韩有元　王占胜　王占恒　李丕昌　赵连福　侯金贵　朱生成　钟林玉　段连堂　杨瑞淇　唐浮凑　李宏武　董殿隆　毛应海　李北海　郭和兴　朱耀富　王沛州　李良善　何永山　李富贵　李万胜　赵金新　刘阑生　蔡新有　师光青　赵兴龙　徐秀梯　冀玉喜　赵占标　王汝芳

于春成　闫如意　徐正英　武会喜　田玉山　李文银　郝银生　王得胜　田兴宽　王应利　张来荣　李凤奎　张占荣　陈发云　薛元保　陈万瑞　李鸿才　王生有　陈庚生　李增祥　夏正英　张兴江　常振东　李禄陵　郭恩贵　游根柱　杨智学　冯玉山　王绍才　赵占标　李银柱　闫四秃　赵德胜　李福海　徐光亮　朱玺壁　任靖

副班长　刘双喜　苏子祥　禄彦　吴成明　李会云　张重棠　马俊伟　温银海　袁有英　宋全保　田学旺　闫根贵　许得胜　马丑海　武明义　赵元明　刘金祥　王本德　述福　温洲　周兴和　牛德荣　梁士珍　郭生凯　李丑斯　李金镜　刘玉有　王文杰　孙贵　冯文琴　白芝云　王全　程铭达　贾永和　王玉信　王福盛　赵永林　车广旺　张祥福　孙有云　李维安　王俊　牛永福　梁来巧　张兆牛　张来娃　柴子谦　李长福　张福只　袁平川　张全武　陈光先　田子光　刘志远

侦察员　秦梁效　梁书祺　芦文进　张文业　王明光　王永成　黄廷元　王德功　杜柏青　朱孙法　秦立章　贺兴智　郭兴华　李志成　李光海　吕占奎　扬金柱　张全国　赵吉太　刘玉贵　葛满食　田师寿　尹培峰　李植山　李德胜　朱银海

电话员　任虎儿　高德　朱标保　张玉有　吴其瑞　魏有福

看护员　王善保　李喜卿　弓起云　王文礼

司号员　白汉清　张光　裴选

卫生员　秦学

生产员　张华　王心丑　白仁义　乔登云　邹大礼　李德胜　王子英　杨三孩　王玉山　任永寿　乔梁书　张纪生　周永贞　张崑　张清云　张德贵

交通员　杜世俊

文书　孙江平

副排长　成三娃

通讯员　雷长孝

班长　陈忠义

印刷员　邸长春

调剂员　翟文

警卫员　郑平安

勤务员　宋鸿福

缝工　高三

炊事员　田起亮　王狗儿　赵银喜　陈根茂　杨柱　郝荣光　米银年　白树江　刘好武　秦景奎　梁山林　孟万林　王文天

饲养员　王文　吴岐山　乔文富　朱长永

收发　高秀秉

战士　王春书　李应吉　王敢狱　姜满洲　唐金华　丁玉林　赵志高　鐘金牛　张占山　邸良拴　王珏山　李华春　耿盛国　张志永　张清凯　田志广　高其柱　耿光华　闫小点　郝金水　牛再动　刘吉　王香　金然　张东山　李喜有　杨占国　朱荣考　乔连昆　戴根明　刘振钧　庆玉　董玉山　康志善　牛振东　王玉堂　王友雪　李彦　马大增　白牛禄　赵喜才　张之义　王书文　冯生　王六则　李文堂　姚尚宣　吴立德　史顺财　耿灵云　张黑则　孙开运　李金荣　程振山　魏芝华　齐仪亭　李连玺　孙则章　张金培　王春生　张文周　梁保祥　王久长　王进泽　巍有　王树林　张治珊　于顺德　杨金柱　李沍禄　吴力敌　郭根　刘月田　石春发　刘春发　梁树芳　李连卿　孙文贵　李江如　高振武

团政委　陈德仁

总支书　张奇

营副政委　李伦　张凤仪

特派员　郁英杰　李国文

团政委　王志

营长　罗志明

锄奸股长　蒋丁文

副政教　王文教

政指　何志国

副政指　郭金文　田永川

副团长　郭慕芳　乾云清

连长　陈仲三　王福荣　何占奎

组织干事　杨吉林

政指　王树森　耿树华　张替明　高金声

副政指　过金义　王廉　王文良　张贤明　冯步云　赵清波

战士　王吕祥　李桂　张玉庆　刘洪钧　马岑周　赵贵胜　宿和如　刘玉科　王殿卿　孙起兴　藤福顺　张瑞祥　杨荣海　孙根庆　姚鸿兴

侦查员　杨树华　李云亭

炊事员　展金华　杨国君　张庆　傅振山　王德青　刑川运

班长　李瑞国　龙振江　贾全里　张荣花　张秀荃　李荣保　张耀生　吴振焉　王天明　宋士福　赵中和　刘凯军

副连长　李玉川

参谋　谭彬周

医生　宋士达　戴锡寿

股长　任作智

供给员　张元龙

排长　李保林　魏锡禄

通讯员　张焕仁　刘双群　王文奎　赵明

卫生员　苏建勋　谢志法

特务员　侯元昌　韩凤章

援机员　张海诚

司号长　庞金洞　王兆元

理发员　李明贵

战士　陈振永　张寿山　曹胜魁　刘全生　高生路　陈有才　王炳元　张学增　周东有　邱凯山　刘根毛　高振永　贾二保　贾逮年　黄金山　朱文孝　李国明　刘连生　刘凤加　赵常锁　王金明　辛和顺　张海亨　曹铁刚　同记春　柴大祥　刘玉民　李振华　张景昌　赵民　董全福　顿国华　张瑞祥　刘铁生　邓集普　杨印山　高奉文　刘保忠　马德先　蒋大有　刘宝钗　魏进铭　江福成　李振玉　姚秦祥　李维亨　李花生　杨福禄　王双大　张庆山　赵振国　蔡小海　陈瑞增　韩玉钢　王春生

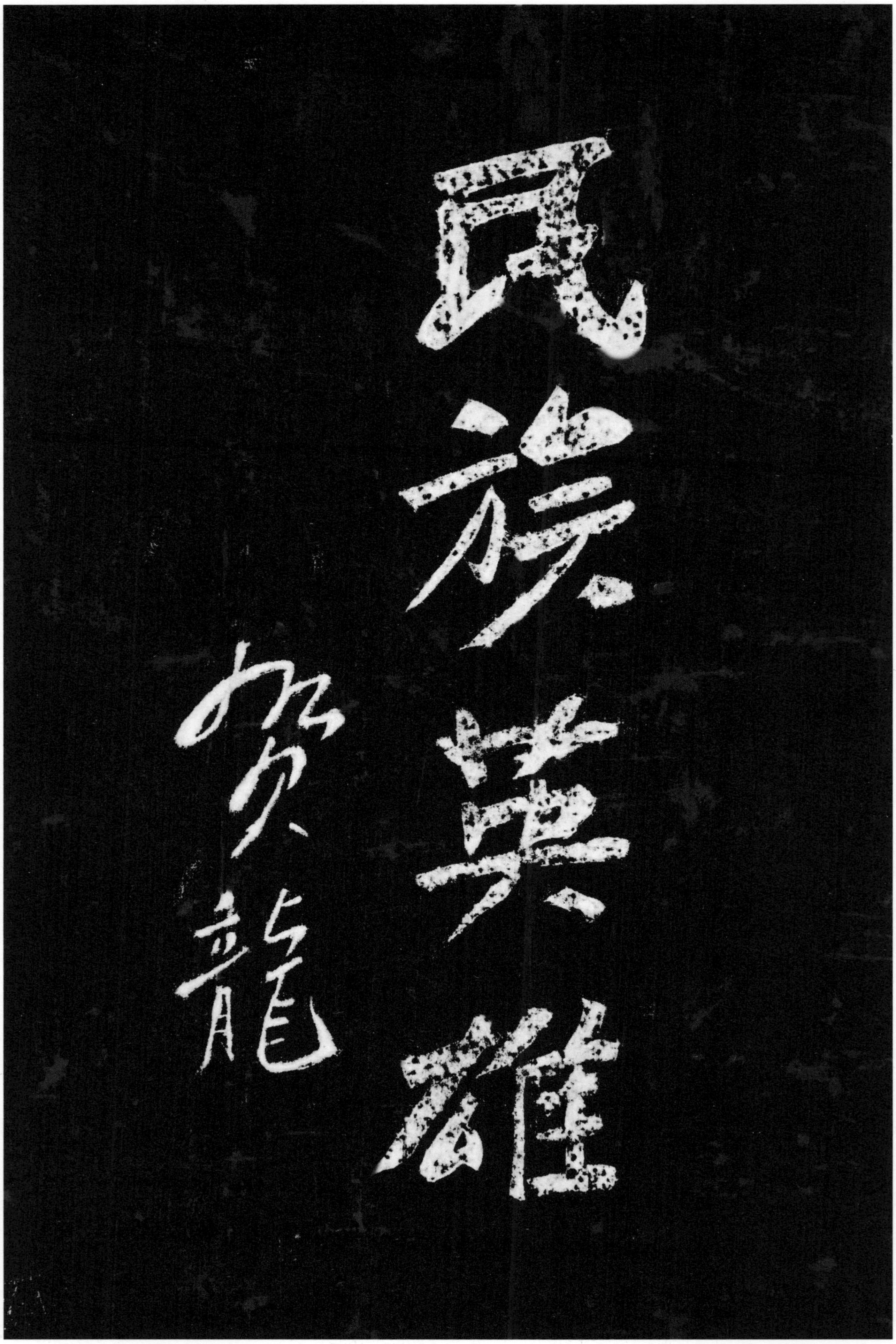

【碑文】

民族英雄

賀龍

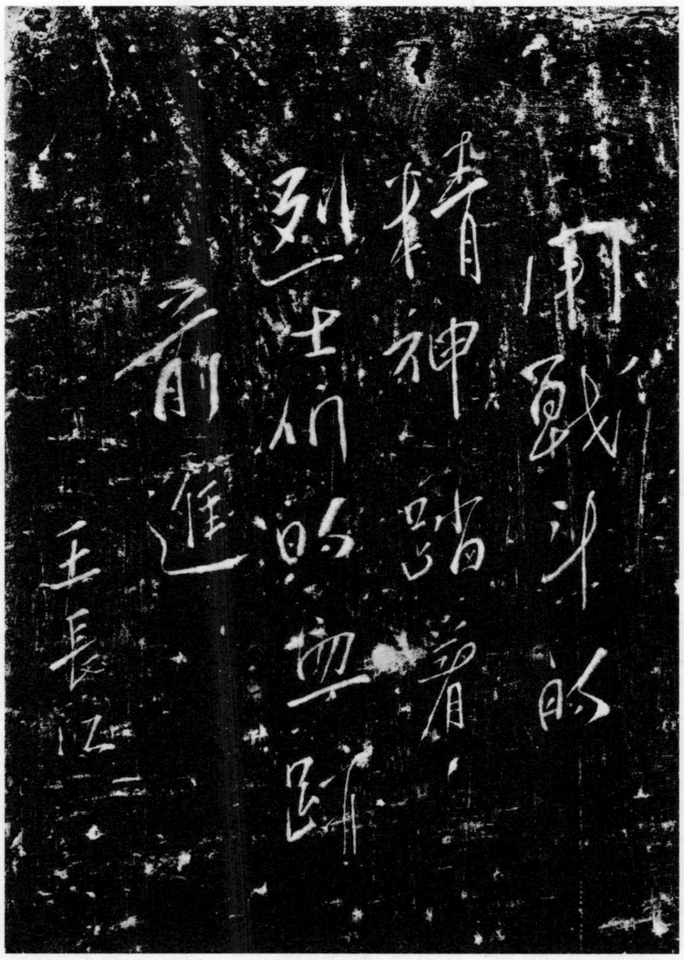

【碑文】

用戰鬥的精神踏着烈士們的血跡前進

王長江

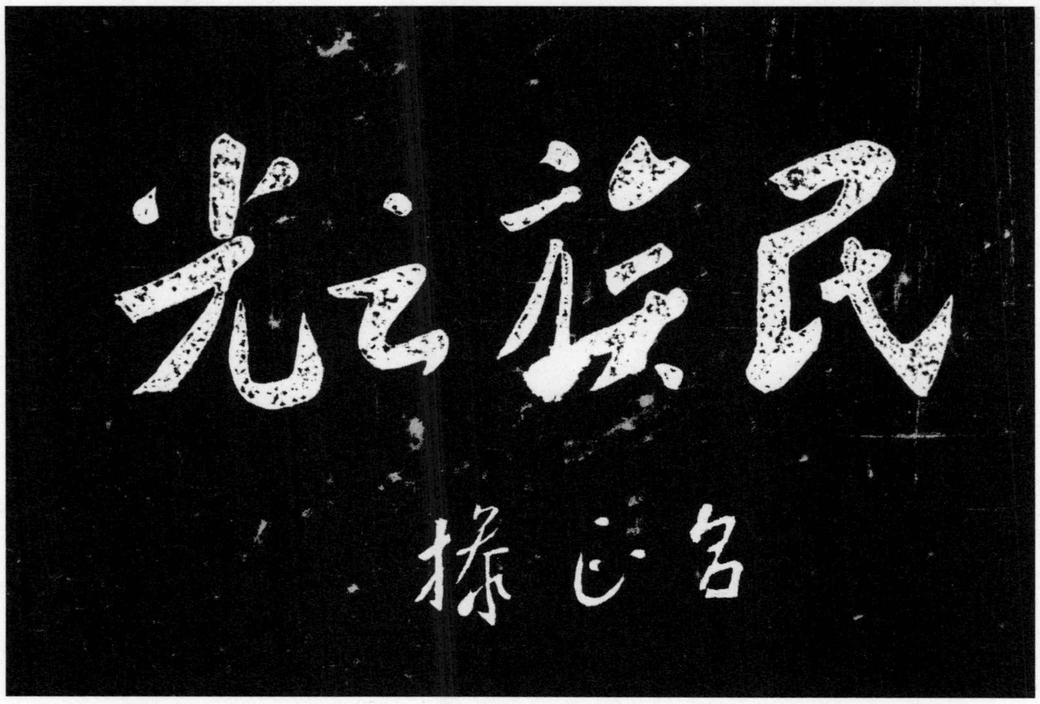

【碑文】

民族之光

吕正操

【碑文】

浩氣長存

闵向應

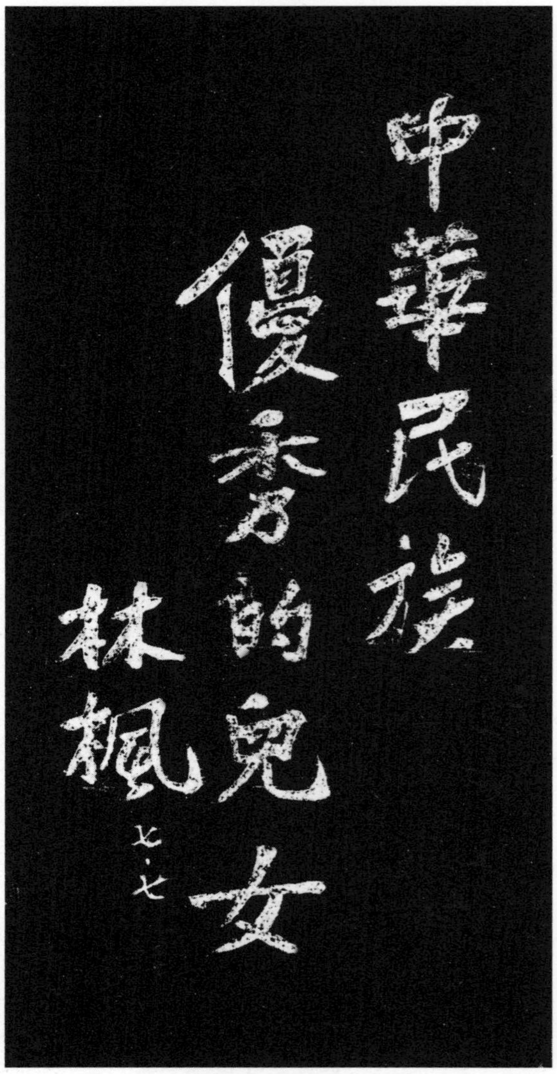

【碑文】

中華民族優秀兒女

林楓　七·七

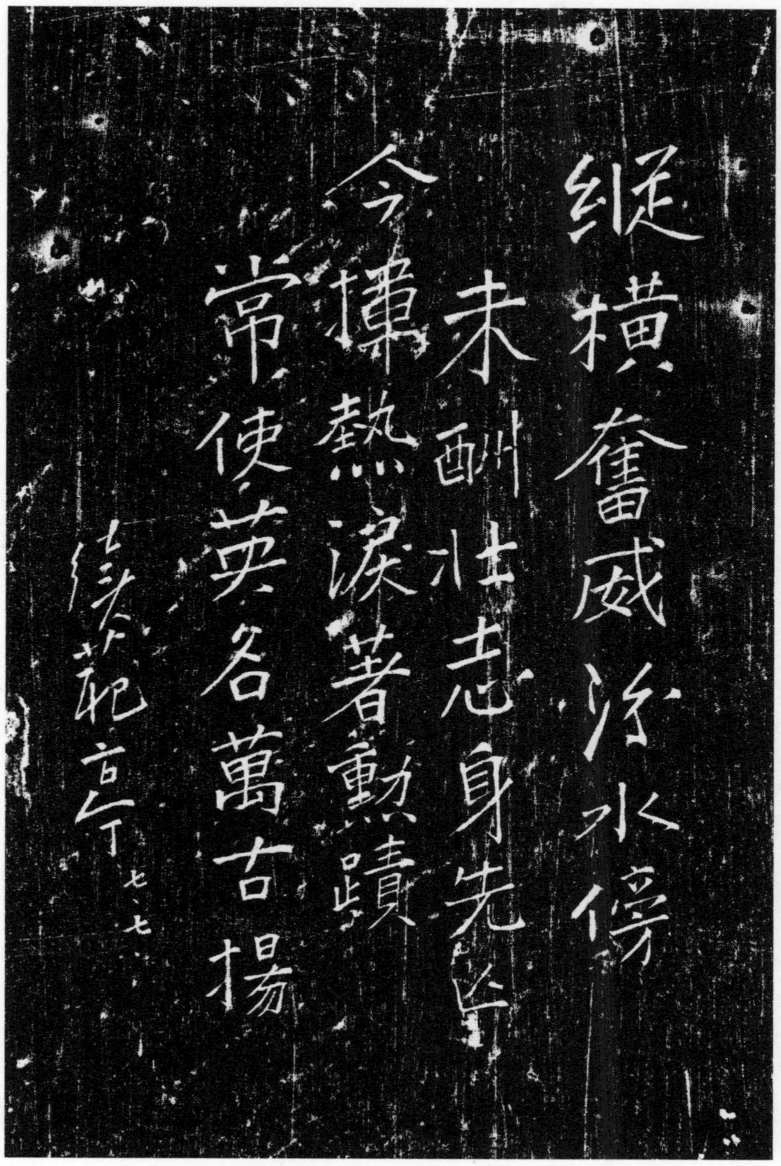

【碑文】

縱横奮威汾水傍，未酬壯志身先亡，今揮熱淚著勳蹟，常使英名萬古揚

续范亭　七·七

【碑文】

爲國犧牲

周士梯

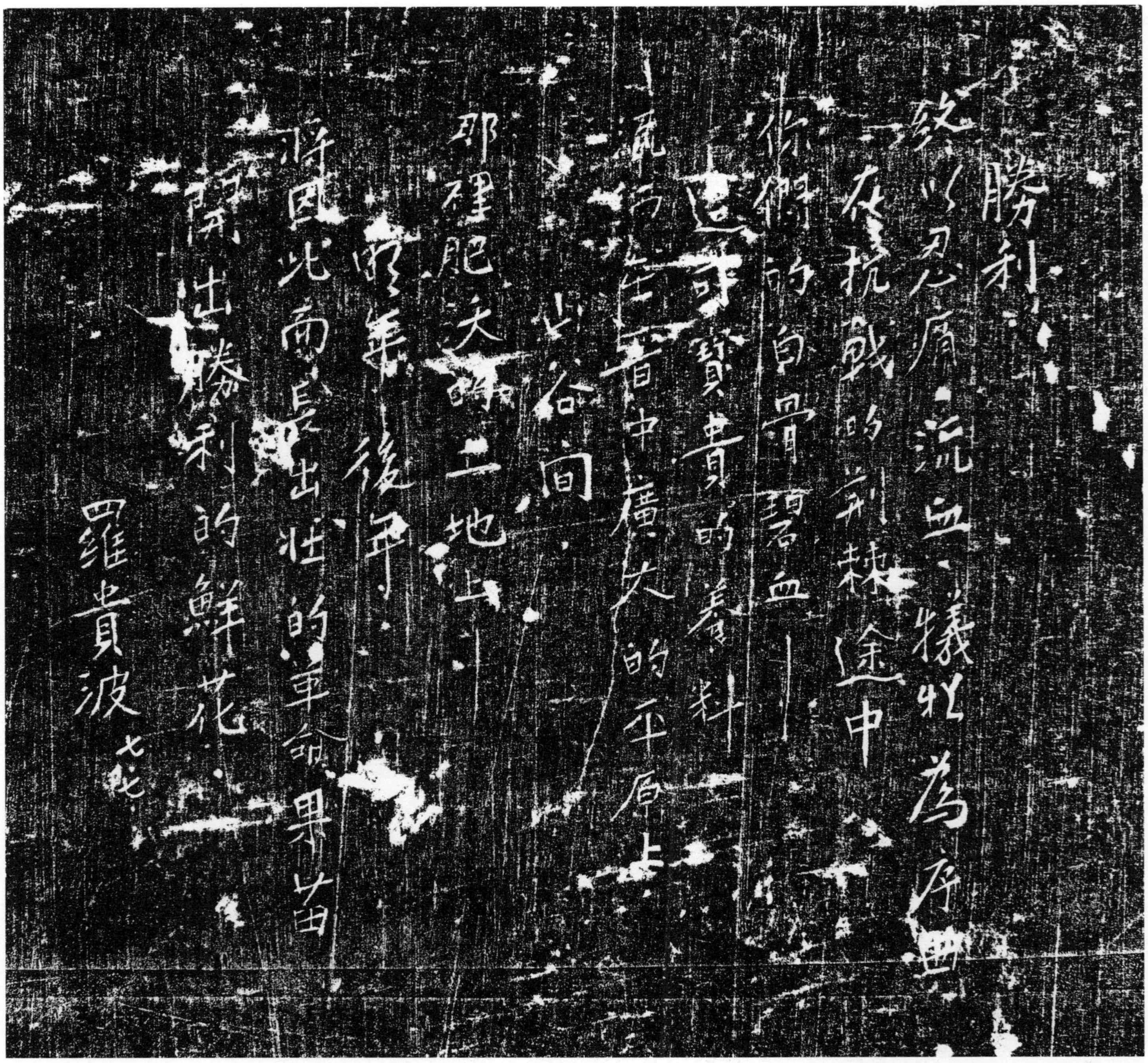

【碑文】

勝利

终以忍痛、流血、犧牲爲序曲

在抗戰的荆棘途中

你們的白骨碧血——

這可寶貴的養料

流洒在晋中廣大的平原上

山谷間

那裡肥沃的土地上——

明年後年

將因此而長出壯的革命果苗

開出勝利的鮮花

羅貴波　七·七

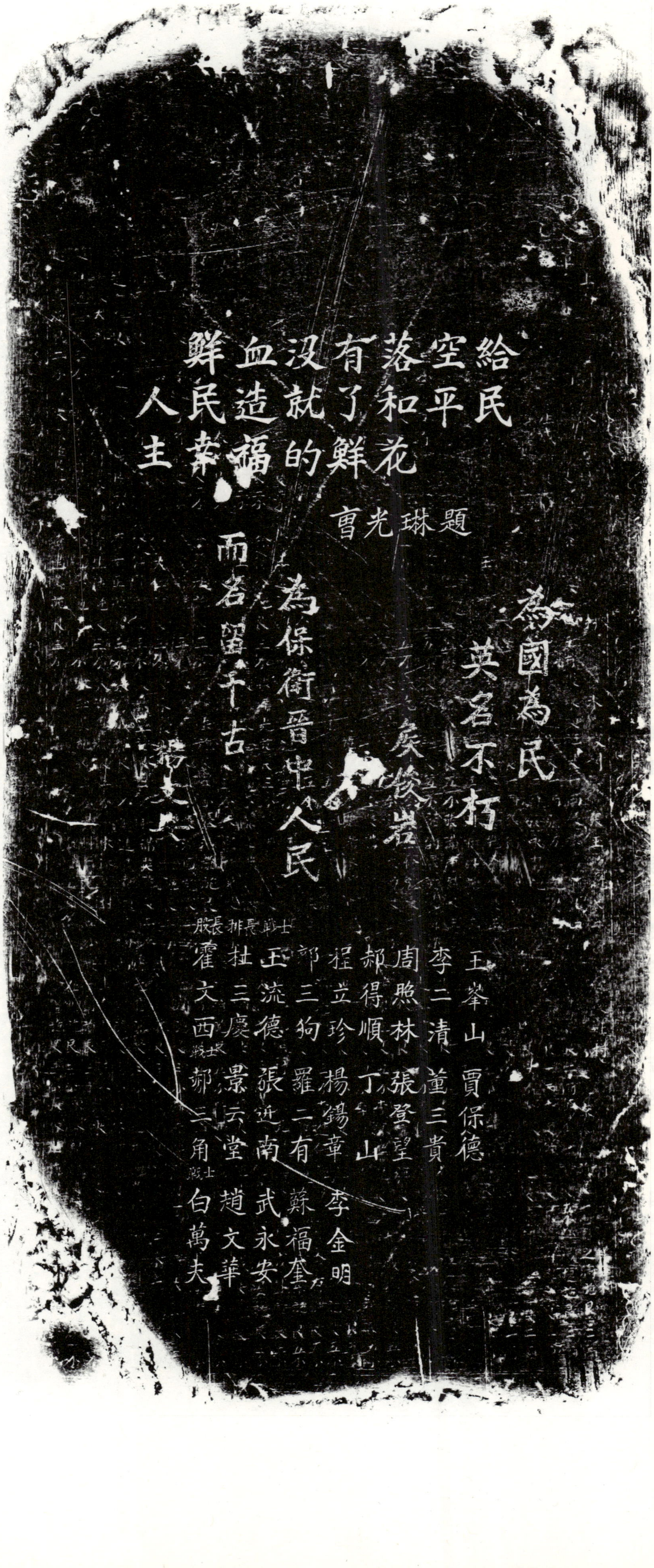

晋绥第八军分区卫生处纪念碑

【简介】

民国 35 年（1946）勒石。今存古交市睦联坡烈士陵园。原碑无题。碑阳为碑文；碑阴为曹光琳、矦俊岩、杨文安等人题词。

【碑文】

（碑陽）

鮮血没有落空，給人民造就了和平、民主、幸福的鮮花。

曺光琳題

爲國爲民，英名不朽。

矦俊岩

爲保衛晋中人民而名留千古。

楊文安

股長　霍文西

排長　杜三慶

戰士　王流德　郭三狗　程立珍　郝得順　周照林　李二清　王峯山

戰士　郝三角　景云堂　張近南　羅二有　楊錫章　丁山　張登望　董三貴　賈保德

戰士　白萬夫　趙文華　武永安　蘇福奎　李金明

（碑陰）

中國人民和日本侵畧者堅持苦斗八年，抗戰胜利，舉國同慶。自反攻以來，我八分區軍民，爲了解放在

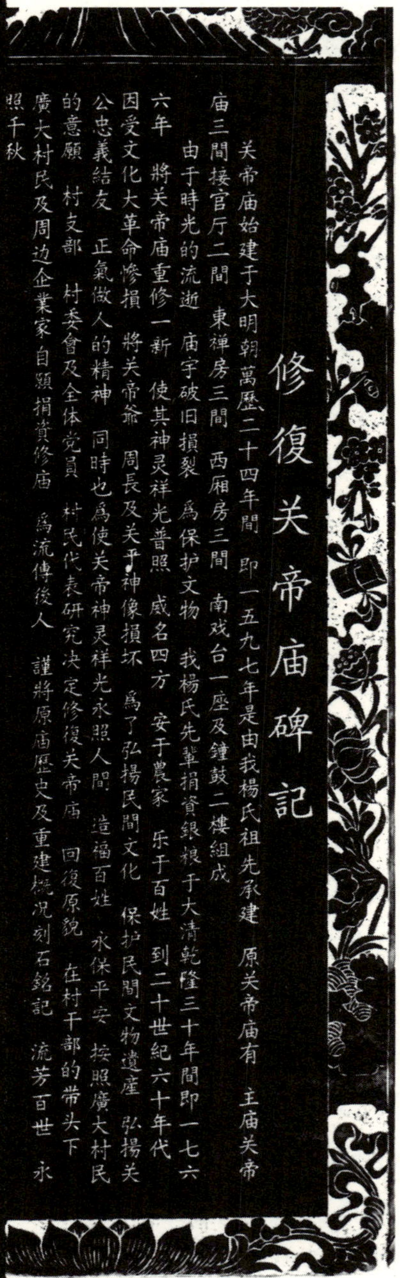

修復关帝庙碑記

关帝庙始建于大明朝萬歷二十四年間　即一五九七年是由我楊氏祖先承建　原关帝庙有　主庙关帝庙三間接官厅二間　東禅房三間　西廂房三間　南戏台一座及鐘鼓二樓組成

由于時光的流逝　庙宇破旧損裂　爲保护文物　我楊氏先輩捐資銀粮于大清乾隆三十年間即一七六六年　將关帝庙重修一新　使其神灵祥光普照　威名四方　安于農家　乐于百姓　到二十世紀六十年代因受文化大革命慘損　將关帝爺　周長及关平神像損坏　爲了弘揚民間文化　保护民間文物遺產　弘揚关公忠義結友　正氣做人的精神　同時也爲使关帝神灵祥光永照人間　造福百姓　永保平安　按照廣大村民的意願　村支部　村委會及全体党員　村民代表研究决定修復关帝庙　回復原貌　在村干部的带头下廣大村民及周边企業家自願捐資修庙　爲流傳後人　謹將原庙歷史及重建概况刻石銘記　流芳百世　永照千秋

古交解放纪念碑

【简介】

1996年10月勒石。今存古交市水泉寨公园西。纪念碑面积28平方米，由古交市第一高级中学语文教师高惠春撰书。碑文记述了自抗战争胜利以来，古交人民在共产党的领导下进行斗争的历程。目前，已成为一处爱国主义教育基地和旅游观光景点。

【碑文】

抗日战争勝利後，蒋介石不顧國人之反对，公然撕毁“停战协定”，全面发動内战。阎錫山企图搶占抗日軍民從日本侵略者鉄蹄下光复之太原西山，开辟一条進攻晋绥解放區打通北同蒲的通道。一九四六年秋季，調遣工兵師二、四两团数千人，纠集逃亡反動勢力，向當時由交城、陽曲分治的古交區城大举進軍，先後占領了北至佛福山、东至院家峁、西至麻坪嶺、南到郑家庄等范围内的交通、軍事要地。古交河山又遭踐踏，古交人民再陷水深火热之中。

面對敌人的猖狂進犯，我軍民在中國共产党的領導下，衆志成城，横掃敌軍，譜寫了一曲人民解放战争的勝利凱歌。一九四六年十一月，我十八支隊迅猛出击，一舉歼灭盘踞院家峁据点的敌复仇奋斗团八十余人。同年十二月，交文支隊又在南頭、原相击退敌一千余人的進犯。一九四七年一月二十五日，晋绥独立五旅某部突出奇兵，全歼沟東、佛福山一线敌軍，俘敌团長以下軍官一百五十余人，缴获大量美式武器，肅清了北线之敌。一九四七年四月五日，晋绥獨立二旅從晋北揮師南下，向古交村、水泉寨、红梁上、羊圈港、麻坪嶺、東嶺上等据点之敌发起全面攻击，打响了解放古交全境的决定性战斗。水泉寨之敌踞守关帝庙負隅頑抗，战斗異常激烈，某突击隊四次强攻，全歼守敌。一九四七年四月六日，古交全境解放。古交解放歷時四个多月的战斗，共击斃敌团長以下三百九十余人，俘敌官兵一千一百五十余人，缴获大小炮三十门，輕重机槍四十挺及大量軍用物資。

古交解放震慑了省城、晋中等地之敌，对解放太原、保卫晋绥，具有重大意义。古交解放战斗中牺牲之忠勇烈士，功勛卓著，彪炳青史。缅懷先烈丰功伟绩，发揚革命光荣傳統，激励後人继往开来，奋斗不息。

古交市人民政府

一九九六年十月立

古交矿区建设纪念碑

【简介】

1997年10月勒石。位于古交市金牛东大街市民广场一侧，由大型雕塑和纪念碑两部分组成。耸立在纪念碑前的不锈钢大型雕塑，是数以万计矿区建设者历尽艰辛、奉献光热、改天换地的力量象征。纪念碑正面的浮雕再现了建设者用心血和汗水铸造的历史丰碑，场面宏大感人。纪念碑碑阴的碑文真实记载了矿区从发现到建设项目完成的曲折过程，提到了当年国家在环境保护方面提出的“古交精神”。

【碑文】

古交位于吕梁山脉腹地，区内层峦叠嶂，汾河横贯全境。自古以来，这里山高而林木不茂，水长而禾草不丰，寒山瘦土之下却埋藏着极为丰富的煤炭资源，且以焦煤为主，质量之优，储量之丰，罕有其匹。

一九五八年，国家决定开发古交煤田，由西山矿务局抽调一千余名职工，组建“古交工程公司”，先后在西曲和铁磨沟矿井破土动工，历时一年。由于交通闭塞，资金短缺而被迫停建。此后，几经筹建，几多风雨，开发和建设古交矿区的美好愿望终因国力不逮而举步维艰。

蓄之既久，其发必速。一九七八年，随着改革开放新时期的到来，古交矿区被列为国家能源开发重点建设项目。时年五月，由煤炭部批准抽调的机建工程兵四三四团部分官兵率先驻古交矿区。经山西省革命委员会批准，七月二十四日“古交矿区建设指挥部”正式成立。自此，拉开了古交矿区建设的帷幕。

古交矿区隶属西山矿务局统一领导，但因地理位置、勘测年代和交通运输情况有其独特性，国家将其列为独立建设项目，因而，“古交矿区”这一特定名称，随着破土动工的一声炮响而声名远播。矿区开工建设初期，时值十年浩劫结束不久，百废待举，百业待兴。建设大军从四面八方涌入极其贫困的古交山区，其条件之恶劣，生活之艰苦，自不待言。古交矿区建设指挥部面对困难，审时度势，以坚强的领导、严密的组织、科学的态度，带领广大矿区建设者，按照国家批准的规划蓝图，组织广大技术人员精心设计，科学安排建设顺序，统筹配置施工力量，集中兵力突击重点，分区包片各负其责，在百里矿区掀起了轰轰烈烈的建

设热潮。数万名建设者在“老八路”长期战斗和生活过的地方，继承和发扬艰苦奋斗、矢志不渝的革命精神，风餐露宿不畏艰，爬冰卧雪不避险，辟山开巷，筑路架桥，披坚执锐，顽强拼搏，在不同的岗位上，创造了可歌可泣的英雄业绩。其间，六十七名职工不幸殉职，献出了宝贵的生命。十九年来，从中央到地方，各级领导对古交矿区建设倾注了巨大心血。党和国家领导人王震一九八四年亲临矿区，为第一对投产的西曲矿井剪彩。国务院总理李鹏，当年针对环境保护“三同时”曾向全国提倡“古交精神”。原全国人大副委员长廖汉生、副总理邹家华、康世恩等到古交矿区视察工作。国家计委、煤炭部、财政部、能源投资公司、国家开发银行、中国银行、山西省、太原市、古交市以及省煤管局等各级领导对古交矿区建设关怀备至，并经常亲临现场解决重大问题。没有各级领导的指挥与关怀就没有迅速崛起的古交矿区。

风雨征程十九载，众志成城铸辉煌。截止一九九七年十月，相继建成投产了西曲、镇城底、马兰、东曲、屯兰五对大型矿井和与之相匹配的五座现代化选煤厂，为生产服务的机修、供电、供水、煤气、医院、学校等二十三个辅助、附属企业和福利设施。开掘井巷工程二十五万米，建筑房屋面积一百六十五万平方米。一个年产一千六百五十万吨能力的焦煤基地已全部建成。总计使用国家建设资金六十亿元。如今，春花秋实，古交矿区的优质煤炭已源源不断地运往祖国的四面八方，部分优质精煤已漂洋过海远销日本等国家和地区。古交矿区以其建设速度之快，质量之高，效益之好而享誉华夏。

古交人民支援了矿区建设，矿区建设带动了古交地区的繁荣与发展。昔日荒凉贫困的古交山区旧貌换新颜。一座百业兴旺、生机勃勃的煤矿新城巍然屹立在吕梁山麓、汾水河畔。

耸立在面前的这只钢筋铁臂，是数万名矿区建设者历尽艰辛、奉献光热、改天换地的力量象征；是所有为矿区建设奋斗过的人们共同用心血和汗水铸造的历史丰碑。

滔滔汾河水为因工致残和不幸殉职的职工放声高歌；

巍巍吕梁山向创造不朽业绩的矿区建设者挥臂致意。

建设者们艰苦创业、奋力拼搏、开拓进取、无私奉献的精神，勒铭碑石，昭示后昆。

西山矿务局古交矿区建设指挥部

公元一九九七年十月立

娘娘庙碑记

【简介】

1999年农历七月初七勒石。今存河口村圣母娘娘庙。碑高150、宽60、厚16厘米。青石质。保存完好。

【碑文】

序言

河口娘娘廟，始建於清朝康熙初期。道光四年潤七月二十七日，由閻文魁、武登之負責，二次重新脩理。到民國初期，由於國内軍閥混戰，再加上日本帝國主義的侵略，對我國到處殺人放火，飛機在天上轰炸。固此，娘娘廟和塑像受到了破坏。解放後，在共産黨改革開放时期，全國四大名山峨眉山、武當山、五臺山和南方的普陀山等名勝古跡，都加强了保护和脩理。我們和全國一樣，爲了保护文物，复照後人，村興民旺，振興河口，邊鄰村民，讓子孫後代前程無量，九七年春由陳善文、閻玉金、武二巴、閻广英，在娘娘廟内插旗唱戲，招集河口鄉鄰，千家萬户，村民和外来游客敬香朝拜，自動捐款，集資复脩了聖母廟和塑像，恢復原状。並在九八年三月初八清明節期間峻工，同時舉行了隆重的開光大典。爲了振興聖母廟，繼續發展，現将民衆捐款集資情况刻碑公布如下：

一九九九年農曆七月初七日立

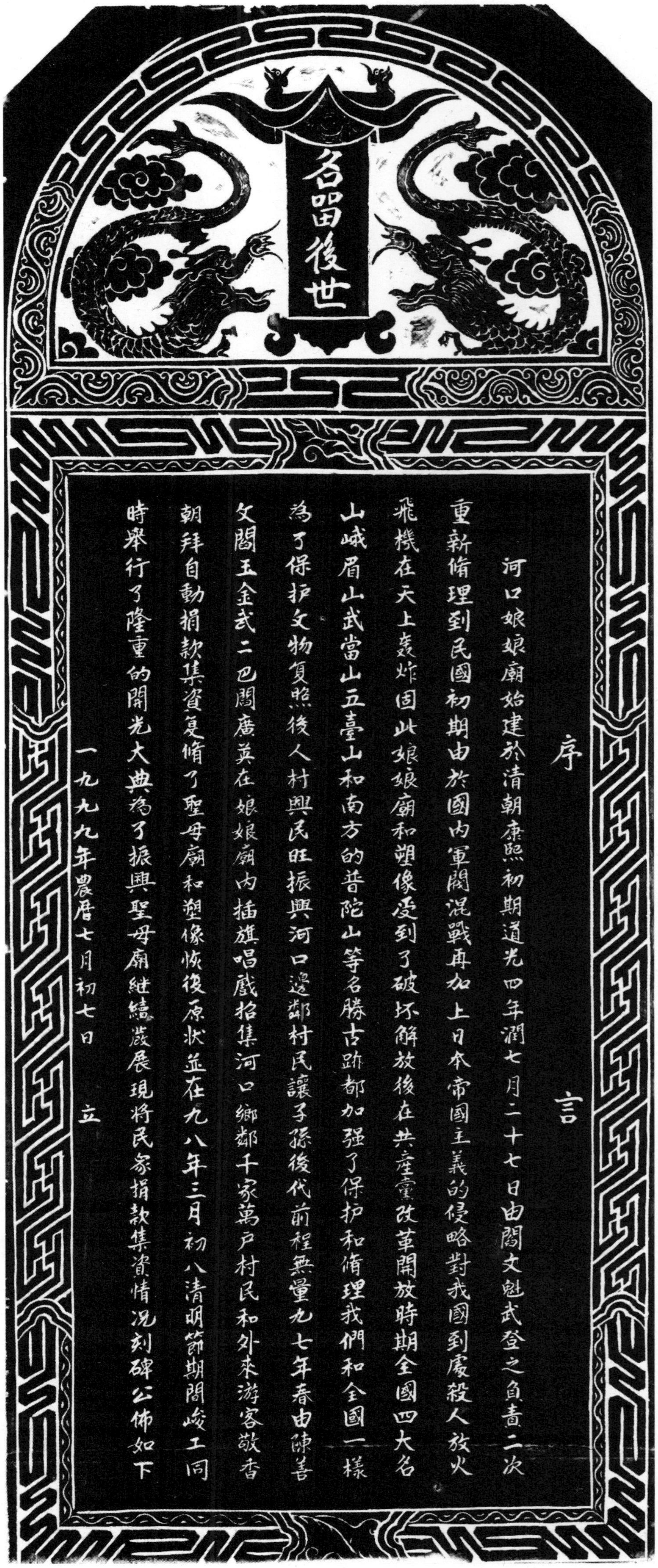

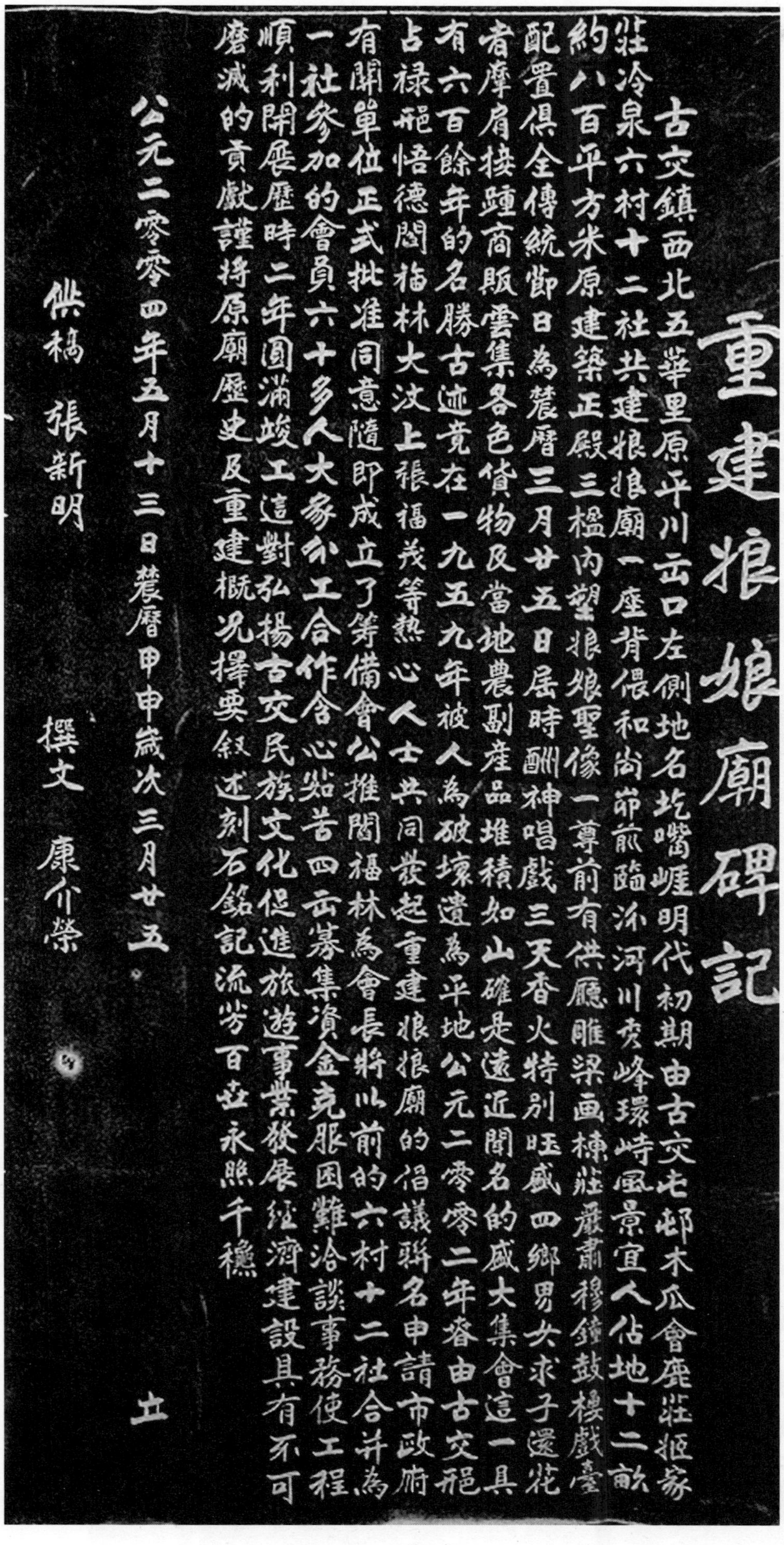

重建娘娘庙碑记

【简介】

2004年5月13日勒石。今存古交市圪嘴崖娘娘庙内。碑高140、宽76、厚10厘米。青石质。张新明供稿，康介荣撰文，徐进文书写，高锦卫刻石。娘娘庙始建年代不详，原有清代残碑3块。娘娘庙在古交一带具有重要影响，每年三月二十五日前后3天，有近10万人次的民众到此叩拜还愿，已成为这一带民间文化活动的重要场所。

【碑文】

重建娘娘廟碑記

古交鎮西北五華里原平川出口左側，地名圪嘴崕。明代初期，由古交、屯郇、木瓜會、鹿莊、姬家莊、冷泉六村十二社，共建娘娘廟一座。背偎和尚峁，前臨汾河川，秀峰環峙，風景宜人，佔地十二畝約八百平方米。原建築正殿三楹，内塑娘娘聖像一尊，前有供廳，雕梁画棟，莊嚴肅穆，鐘鼓樓、戲臺，配置俱全。傳統節日爲農曆三月廿五日，届時酬神唱戲三天，香火特别旺盛。四鄉男女，求子還花者摩肩接踵，商販雲集，各色貨物及當地農副産品堆積如山，確是遠近聞名的盛大集會。這一具有六百餘年的名勝古迹，竟在一九五九年被人爲破壞，遺爲平地。公元二零零二年春，由古交邢占禄、邢悟德、閻福林，大汶上張福茂等熱心人士，共同發起重建娘娘廟的倡議，聯名申請市政府有關單位，正式批准同意。隨即成立了籌備會，公推閻福林爲會長，將以前的六村十二社合并爲一社，參加的會員六十多人。大家分工合作，含辛茹苦，四出募集資金，克服困難，洽談事務，使工程順利開展。歷時二年，圓滿竣工。這對弘揚古交民族文化，促進旅遊事業，發展經濟建設，具有不可磨滅的貢獻。謹將原廟歷史及重建概况，擇要叙述，刻石銘記，流芳百世，永照千秋。

公元二零零四年五月十三日農曆甲申歲次三月廿五

供稿　張新明

撰文　康介榮

書寫　徐進文

石刻　高錦衛　陝西佳縣人

修复关帝庙碑记

【简介】

2004年8月勒石。今存古交市河下村关帝庙内。碑高158、宽62、厚10厘米。平首方座,青石质。撰文者不详,曲开川、薄改娥刻石。

【碑文】

修復关帝庙碑記

关帝庙始建于大明朝萬歷二十四年間,即一五九七年,是由我楊氏祖先承建。原关帝庙有主庙关帝庙三間,接官厅二間,東禅房三間,西厢房三間,南戏台一座及鐘鼓二樓組成。由于時光的流逝,庙宇破旧損裂。爲保护文物,我楊氏先輩捐資、銀、粮,于大清乾隆三十年間,即一七六六年,將关帝庙重修一新,使其神灵祥光普照,威名四方,安于農家,乐于百姓。到二十世紀六十年代,因受“文化大革命”慘損,將关帝爺、周長及关平神像損坏。爲了弘揚民間文化,保护民間文物遺産,弘揚关公忠義結友、正氣做人的精神,同時也爲使关帝神灵祥光永照人間,造福百姓,永保平安,按照廣大村民的意願,村支部、村委會及全体党員、村民代表研究决定修復关帝庙,回復原貌。在村干部的带头下,廣大村民及周边企業家自願捐資修庙。爲流傳後人,謹將原庙歷史及重建概况,刻石銘記,流芳百世,永照千秋。

該廟于二〇〇四年農歷四月六日開工,二〇〇四年農歷六月二十六日峻工。

筹建領导組　組長楊明珠　副組長王威旺　成員楊有团　楊巨萬　王秀榮　楊全慶　劉才威　王永茂

建筑单位　陕西省佳县工隊　喬如彪　牛四元　弓丙喜

刻碑　曲開川　薄改娥

中華人民共和國二〇〇四年農歷六月二十六日立

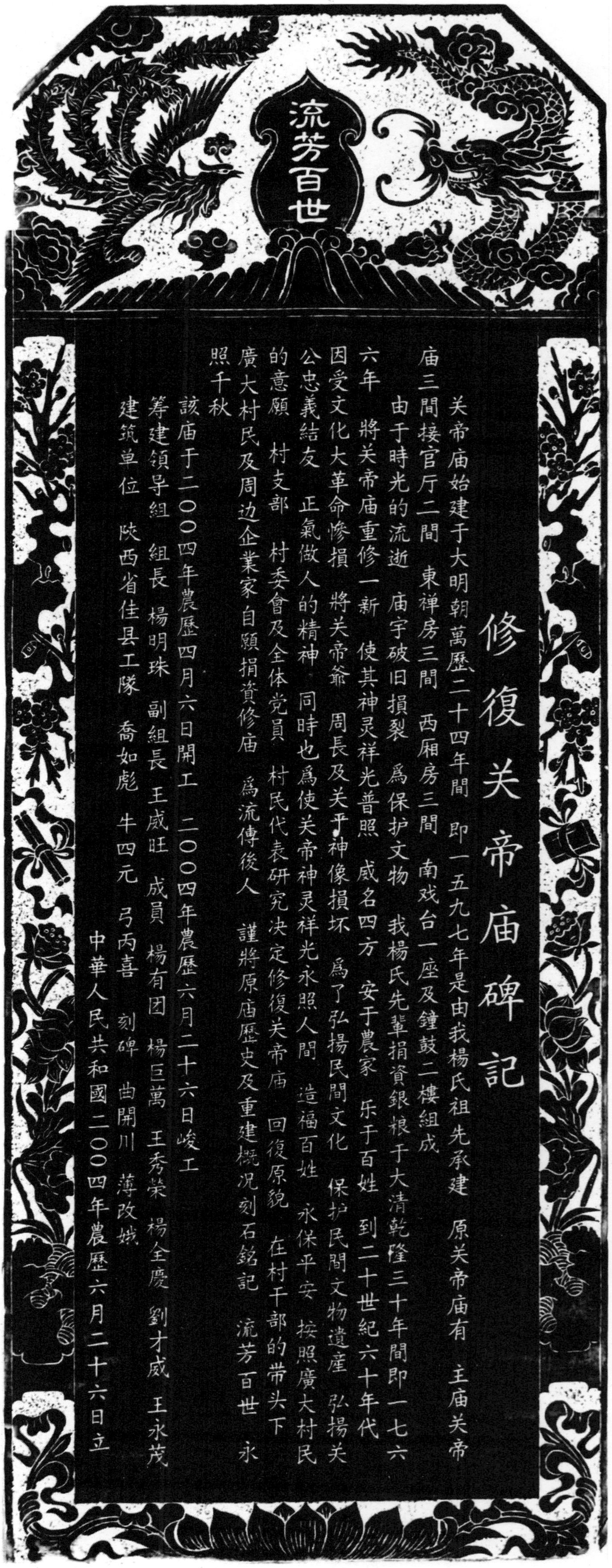

千佛寺碑记

【简介】

2007年8月勒石。今存古交市杨家坡千佛寺山门前。碑高210、宽62、厚20厘米。青石质,平首方座,碑首题“千佛寺碑记”5字。鲁吉龙等撰文。千佛寺有神奇的传说,寺因大雄宝殿的墙面上镶嵌有1128尊大小一致,但面部、手势、服饰各异的石佛而得名。千佛寺原位于古交镇南山麓,1991年搬迁于今址。现常年佛寺活动不断,是古交地区最具影响力的一座千年古刹。河北王师傅刊石。

【碑文】

千佛寺碑记

古交镇千佛寺原在镇南山麓,是一座有名古刹。据寺中遗留小石佛与历代残碑考证,此寺创建于唐代,继修于宋代,扩建于明、清两代。其规模之大,除遗存腹地主建寺院外,原有北至王家沟之寺楼,东至大川河之乐台,南至山坡之山神庙,西至寺塔梁之砖塔等地,均已坍塌、淹灭、侵蚀无遗矣。据大明弘治元年碑记载:“寺僧历然募化,维修佛殿三楹。罗汉殿於左,十王殿於右,天王殿、山门於前,各三楹。中设佛事,饰以金碧神天、仪卫,焕然一新。继修钟鼓二楼、乐台,扩建关帝、伽蓝、龙王、马王殿,禅房院内之讲堂、禅室、斋厅、厨传以及寺外之园艺花木,次第毕具。由此,修有所,讲经有堂,朝钟暮鼓声应岩谷,岿然一大招提也。”

一九八〇年时,千佛寺所遗腹地为四合院形制,正殿为悬山顶建造,通面宽三间,进深三间,七彩斗拱前带檐廊，殿墙后壁嵌有千余尊石雕小佛，姿态各异，面目慈祥；南北配殿与山门以及马王、龙王二殿，均属硬山顶建造，一斗三升五架梁结构，是清代之遗物；钟鼓二楼为歇山顶建造，下为砖券门洞。整座寺院，殿墙裂缝，基址下沉，屋顶漏水，面目全非。一九八八年十月十一日，被太原市人民政府公布为市级重点文物保护单位。一九九一年，古交市政府为保护这一珍贵的历史文化遗产，筹资八十九万元，将其搬迁到古交镇杨家坡，对其进行了复原保护。在搬迁的过程中，大殿摒弃了清晚期加建的前廊，恢复了明代的建筑风格，左右配殿增建成五间，将原龙王殿、马王殿改作耳殿，中轴线变成了坐南朝北。占地面积二千五百平米。在古交实业公司和煤炭公司以及有识之士的赞助下，恢复了大殿和山门的塑像七尊。二〇〇四年山西省人民政府公布为省级文物重点保护单位。

二〇〇五年冬，经报请省市文物局批准，千佛寺正式向社会各界开放。为迎接游客，种植了各类树木花草。二〇〇七年四月，由寺内释万定、释悲银及众居士筹资，在左右配殿中增塑地藏王，从五台山普庵寺请回了西方三圣，在天王殿增塑弥勒佛、韦驮、菩萨。经过整修的千佛寺，大放异彩。为永思前人，刻石万古。

古交市文物管理所

公元二〇〇七年八月十四日

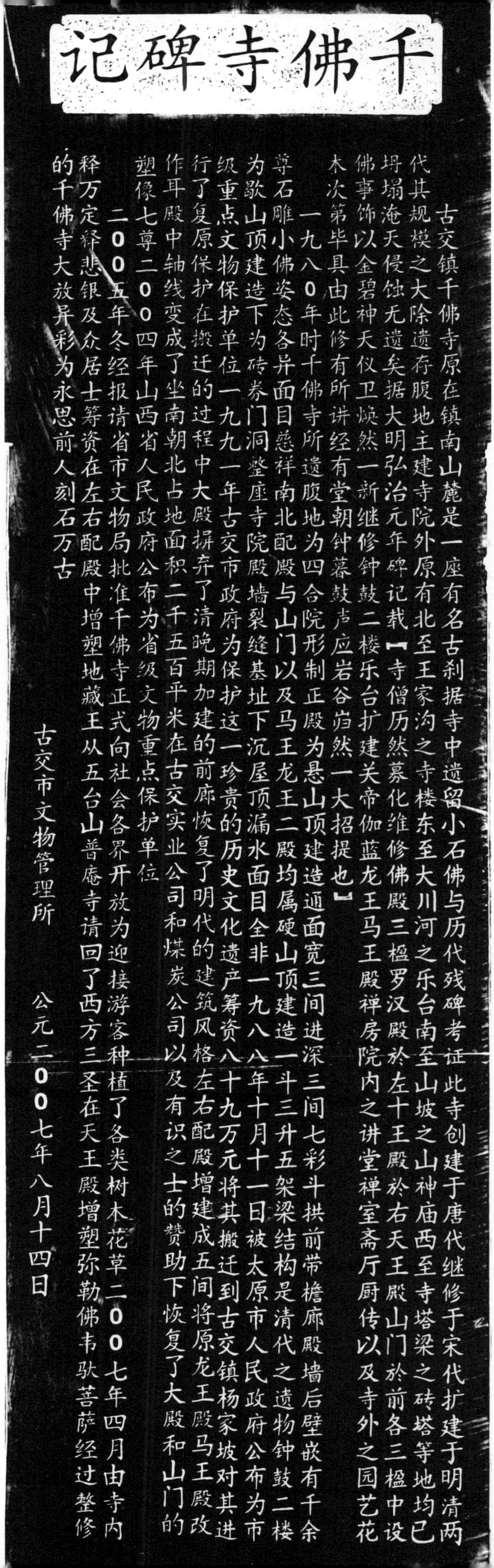
千佛寺碑记

古交镇千佛寺原在镇南山麓是一座有名古刹据寺中遗留小石佛与历代残碑考证此寺创建于唐代继修于宋代扩建于明清两代其规模之大除遗存腹地主建寺院外原有北至王家沟之寺楼东至大川河之乐台南至山坡之山神庙西至寺塔梁之砖塔等地均已坍塌淹天侵蚀无遗矣据大明弘治元年碑记载【寺僧历然募化维修佛殿三楹罗汉殿於左十王殿於右天王殿山门於前各三楹中设佛事饰以金碧神天仪卫焕然一新继修钟鼓二楼乐台扩建关帝伽蓝龙王马王殿禅房院内之讲堂禅室斋厅厨传以及寺外之园艺花木次第毕具由此修有所讲经有堂朝钟暮鼓声应岩谷岿然一大招提也】

一九八〇年时千佛寺所遗腹地为四合院形制正殿为悬山顶建造通面宽三间进深三间七彩斗拱前带檐廊殿墙后壁嵌有千余尊石雕小佛姿态各异面目慈祥南北配殿与山门以及马王龙王二殿均属硬山顶建造一斗三升五架梁结构是清代之遗物钟鼓二楼为歇山顶建造下为砖券门洞整座寺院殿墙裂缝基址下沉屋顶漏水面目全非一九八八年十月十一日被太原市人民政府公布为市级重点文物保护单位一九九一年古交市政府为保护这一珍贵的历史文化遗产筹资八十九万元将其搬迁到古交镇杨家坡对其进行了复原保护在搬迁的过程中大殿摒弃了清晚期加建的前廊恢复了明代的建筑风格左右配殿增建成五间将原龙王殿马王殿改作耳殿中轴线变成了坐南朝北占地面积二千五百平米在古交实业公司和煤炭公司以及有识之士的赞助下恢复了大殿和山门的塑像七尊二〇〇四年山西省人民政府公布为省级文物重点保护单位

二〇〇五年冬经报请省市文物局批准千佛寺正式向社会各界开放为迎接游客种植了各类树木花草二〇〇七年四月由寺内释万定释悲银及众居士筹资在左右配殿中增塑地藏王从五台山普庵寺请回了西方三圣在天王殿增塑弥勒佛韦驮菩萨经过整修的千佛寺大放异彩为永思前人刻石万古

古交市文物管理所

公元二〇〇七年八月十四日

纪年不详

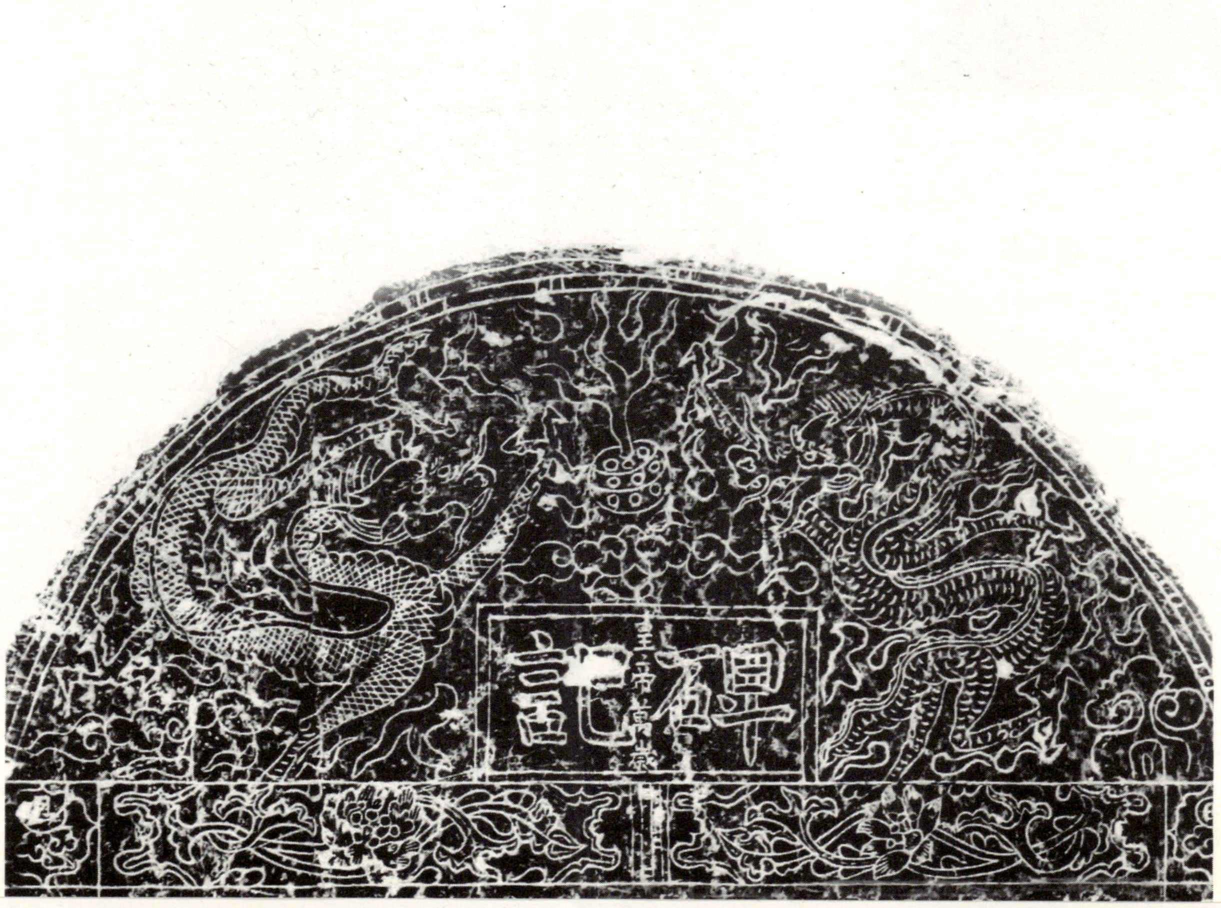

重修东仙洞敕封护国玄灵真君碑记

【简介】

勒碑年代不详。今存古交市阁上乡。原题《重修碑记东仙洞敕封护国玄灵真君》，题与碑文相接。碑高60、宽22厘米。沙石质，四棱柱式。

【碑文】

重修碑記東仙洞勑封護國玄靈真君

竊聞佛生西域，祥光現于周朝；聖教東傳，丈六金身現於漢帝。石岩里起立寺，願國王長者俱存佛門所修因也。本省西乾鄉離城百里，余陽曲之邑，係交城之界畔河北都一名山，前不知年也。故聖六、七郎大神顕聖落凡，忽時成仙，各占東西二洞，靈感無際，顕應無窮，聖朝勑封玄靈真君。名山週圍栢松秀氣，都之太原一景也。累代重修，仍又年深日久，廢毀刁惨，神像零落。本洞住持僧人性通見得神像毁壞，日係心中，惨切不寧，誠心募化修補。僧早年披剃，幻入空門，有冰霜鵲巢之志。俗僧之想，道行無边，遊雲海，以錢粮浩大，獨立難成，□此乞化十方，如蒙允許，請上尊名。

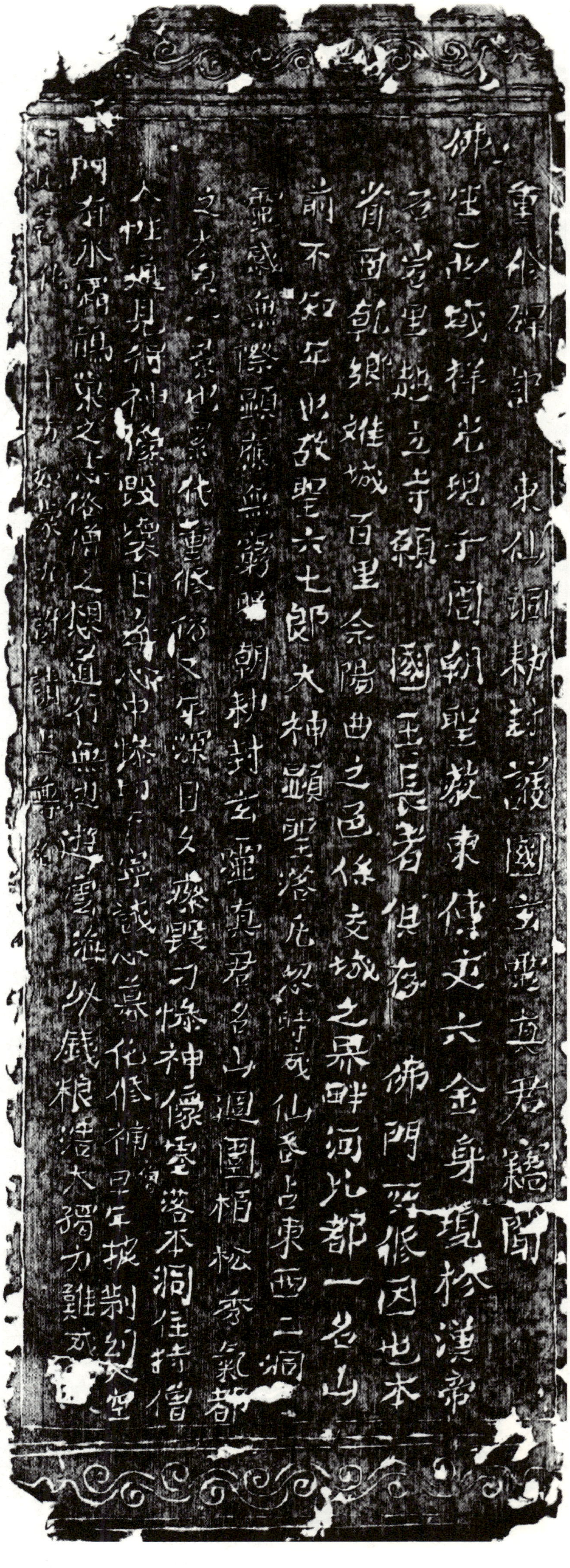

东亭寺重修钟楼碑记

【简介】

勒石年代不详。今存邢家社乡东亭寺院内。碑高120、宽62、厚16厘米。圆首，碑额题“皇帝万岁”4字；碑末题“弘正元□□月□□”8字。史无“弘正”年号，且碑中有“成化重修”字样，成化之后为“弘治”，此碑刊立于弘治元年亦未可知。风化严重，尤以下部为甚。

【碑文】

東停寺重修鍾樓碑記

切以古之梵刹□，今有之神明感化，天人相□，歸心□□□□□□佛之玄妙。今有陽曲縣大川都和園□西北山有古刹東停寺者，□□□□□□佛民之地也。漢朝起盖，成化重修，乃佛殿兩廊□□□□□□□亦無鍾樓。有本都許家山功德主張文只恭請□□□□□□□□□興等，發心鳩集十方檀那衆善人等，廣□捨□□□□□□□□鍾樓一所，今已完備，立碑永爲萬年之銘□□□□□□□□□□□暮鼓，尊伸□禱，雨順風調，五谷豐登，萬民□□□□□□□□□□□皇圖永固，帝道遐昌，師文曦□□□□□□□□□□佛日增輝，法輪常轉，而其乎哉！碑記立耳，□□□□□□□□。

讚曰：瑞雲靄靄兮山翠，紫霧騰騰兮聖境，護法安僧兮伽藍，福田布施兮檀那。

功德主　康士玉　康士興　□□荣　张文只

糾首　藥厚　師文興　康萬　張大用　□□□　□□□　□文□　師□□　武□□　□繼□　□繼□　□□□

弘正元□□月□□

新建龙王庙碑记

【简介】

勒石年代不详。今存古交市加乐泉乡佛堂坪村龙王庙内。碑高126、宽60、厚17厘米。青石质，圆首方座，额题"皇帝万岁"4字。孙奕周撰文，僧海昙书丹。碑文间有剥蚀。

【碑文】

新建龍王廟碑記

夫龍王廟遍天下矣，不獨大邦巨鎮建廟設祭以祀，即極之山陬□隅，莫不焚香獻燭以敬焉。蓋其威靈足以型萬世，德澤足以降群生，故萬民感德，草木沾恩，普天之下無有不虔誠敬服者。河北都佛堂平村旧無廟宇，鄉人感念龍神之大德而啓意建廟。于是募化十方，創立修建，興工未几而不日告成。苟非龍神之盛德，曷克如是哉？功竣求序，余以□土人捐輸之多寡，與夫共事之勤勞，俱不可泯也，故立碑勒石以誌，相傳于萬代不朽矣。

生員孫奕周撰

僧人海曇書

捨地主　李門王氏　男李廣應　寇氏　□□　李智国　李智邦　李智家

募化糾首　李之鳳　弓氏　男李廣□　閆氏　李廣忠　許氏　李廣惠　刘氏　□□刘智魁

本村同辨糾首　李之□　□氏　男李廣仁　閆氏　李廣義　孫氏　李廣正　閆氏　孫男李智功　李智卿　李智□　李智位　李之王　王氏　男李廣金　張氏　李廣殿　寇氏　孫男李智存　李智定　李廣通　王氏　男李智喜　閆氏　李智樂　孫氏　李智旺　曺氏　李廣□　陰氏　男李智□　張氏　李智□　陰氏　李智豪　李智□　李□□　□□　男李智□　□□□　李智斌　李□□　□□　□李廣盛　閆氏　□□□　□□□　□□　□李成宝

□□　□□□　□□　男王文遠　李氏　王文開　李氏　王文碧　王氏　孫男□□□　□□□　□□　男婦康氏　男□□□　任氏　孫男五斤子　六斤子　□□□　八小子　九小子

功德主　□□□　李氏　王氏　男張□□　□氏　五小子　邢氏　張□□　張氏　男張付成　王氏　張付□

修造僧人海晏　們徒寂□　法孫照玉　照□

□□□僧海望　海倫　海□　們徒寂□　寂洪　寂□　寂□　寂寧　寂元　法孫照明　照銀　照登　照連　照玺　重孫普存　普慶

木匠　閆弘儒

泥匠　王□

丹青　杜斌

鉄匠　牛名鳳

瓦匠　陰□将

土工　郝谷財　馮□　王廣　張万武

崞縣玉工匠　姚太基

皇帝萬歲
新建龍王廟碑記
夫龍王廟遍天下矣不獨大邦邑鎮建廟設祭以祀
以利萬世德澤足以隆群生故萬民感德草木沾恩普天之下無有不虔誠敬服者河北都傅堂平村
廟宇鄉人感念龍神之大德而故意建廟
龍神之盛德曷克如是哉功竣求序余
以誌相傳千萬代不朽矣
僧人海量書

新建龍王廟碑記
大龍王廟遍天下矣不獨
此刹萬世德澤足以降群
[illegible]廟宇鄉人感念
龍神之盛德曷克如是哉
以誌相傳千萬代不朽

下编 佚失石刻

重修东胜寺记

【简介】

明万历二十九年（1601）十月勒石。原存古交市邢家社乡李家社东北东胜寺。今寺已不存，碑亦不存，此碑文由文学爱好者收集提供。

【碑文】

夫布金滿地，張孤獨曠劫因緣；捋草呈機，驕尸迦現存公案。既主賓之互换，必人境之交參，雖隆替之有時，衹得失之有已。東勝禪林者，距晋陽九十餘里，位于陽曲縣大川都李家社東北。龍爪石列其右，五子墓環其左，北倚陀山，南瞻鳳嶺，民巽湧甘泉，清湛可愛，誠晋陽之名刹，乃王山之下院也。不知創建于何年何代，重修于開皇四年。迨我朝成化七年，曹洞道成和尚復修，蓋已蓮宫蕩廢，梵宇蕭條。德僧正文，號大章，不求世利，志樂空門，于萬曆十年，歲在壬午，招集檀那，復修正殿，兩廊。至二十五年丁酉歲，住持宗深，號碧潭，即交城縣原平都人也，俗姓張氏，發心募化。有德居士康蘭、閻愷、王宗滿、康朝湖爲功德主，洎糾首康大強等，表并衆善人，富者輸財，貧者助力，傾者思起，廢者思修，整鐘樓、正殿、兩廊，丹青炳耀，焕然一新。金飾觀音、羅漢，纓絡襯袈裟之叠翠，燦若天臺之一境也；莊嚴地藏、冥王，神珠晃業鏡之分明，儼爲地府之一境也。佛閣之蓮臺壯麗，僧堂之丈室幽清。三身、四智現法身，關公、二郎開慧眼。彌勒大笑，金色争輝；茶寮厨捨，内外俱新，可謂叢林改觀，别是一天宫殿也。良以晨寅夕燭，暮鼓晨鐘，上祝帝祚之無疆，下祈生民之有慶。深捨法器，施食滿堂，鐃鈸全副，雲鑼二架。地一十三垧，俱入常住，爲住持之資。上人用心仁矣哉，是滿爲僧之願也。其徒永成、永空，瑜珈精覽，皆出俗之高流也。時深公請立石，以垂永久之謂，東勝之名不待言而厚顯，重修之踪必得論而後明。噫！法門雖閑于空寂之際，今幸上人重修之完，金妝之備，誠一代古招提也。施財助力者咸列碑陰，以植來世之福田。鎸萬劫不磨之石，俾入室高人開法眼而鑒之。是爲記。

大明萬曆二十九年歲次辛丑小陽春之吉

赵僧碑记

【简介】

清康熙二十三年（1684）勒石。原碑今不存，此碑文为石刻爱好者早前抄录，仅知原碑为武家庄赵僧碑记，其他不详。赵生辉、武书升书丹，徒孙旺明、照丹同立。

【碑文】

問之作志者，心曰休敲，善者不怠，求之當世，益鮮其父矣。當不與流俗伍，制行至高，實正加人一等。曰不視邪色自無俗，即登清净之域。皆其後而言之耳，非原其初而名之也。然原其初，則德公謹諱春載陽之也。幼失怙恃，無親可依，出拜外傅性祥字瑞雲爲師。後師歿歸陰，仍自于然，獨立艱難，因皆備嘗困苦，亦乙親歷受。至外家屯蘭鄉莊東門，是生于斯，今後長于斯，亦不忘本之意長耳。外祖生員武朗雲，齊有薩錢坡賜地一垧，□作常數，以爲增沓有結。寂港，字潤宇，設置石碑，篆刻文字，期報師恩，不幸又喪。朗子生員武士英，字超凡；次子武士豪，將已故潤宇合葬薩錢坡賜寶地。永父，承業，師王珍，念徒篤孝之懷，不忍譚沒，于在生之日取碑，顧乃問予曰："此碑無不爲之，奈何？"余即起而應之曰："余雖檀楝，顧言朽云。"

增廣生員趙生輝　武書升書

徒孫旺明　照丹同立

大清康熙二十三年仲夏

于乾武公暨张徐孺人合穴墓表

【简介】

清道光三年(1823)勒石。原存古交市。因20世纪80年代以后,马兰镇武家庄周边建设速度较快,许多碑刻被毁,此碑记是在碑刻被毁之前抄录的碑文,规格、石质不详。孔传性撰文,梁与书丹。

【表文】

公諱學健、于乾,交邑屯蘭鄉武家莊人也。武家莊,故狐家莊,始祖安民公始遷于此,而武氏日益盛,由是改狐家莊爲武家莊。始祖安民公十二世孫天倉公,生庠生文星公,生庠生自東公。歷世以來,好善樂施。自東公家彌阜,尤稱任卹里中,人恒仰賴之,而性嗜書,喜傳學。父名士厥,嗣二人,公其次子也。公生而奇异,五六歲時,受書輒成誦。比長,就傅肄八股業,同塾無出其右者。入泮後,日沈酣古籍,其爲文一以先秦、兩漢、唐、宋諸家爲宗。以是不諧與俗,卒困棘闈,論者惜之,公自□□□者也。公至孝友,門内之行人無間言。處宗族鄉黨,不私財,不伐德,莊中無大小悉以資之,綏急費應,由是遠近皆知公長者。公配張孺人,早逝;徐孺人,克敦克孝,後公卒,享壽七十有一,日以勤儉,教孫子曰:"余夙夜惴惴,懼隕先業爲乎?"嗚呼,刑于文化,足以風矣!公男四人,率皆循循然有規矩。長君、季君,拔建公之存,以次列黌宫焉,蓋其文章學問,得于開庭訓者深也。孫男五人,嶄然頭角,以耕以讀,我意必有魁奇磊犖之士,鴻漸鳳舉而興者。語云:"吾必有后,何獨至于公而疑之?"少君定衛與免,同硯契者十餘年,每促膝共話,述公之生平者甚悉,以是得稔知公。歲次丙辰,窀穸即定,將勒珉以記,命序于晚。晚不敢辭,因爲即所素佩于心者,冥言之若此。

賜進士出身前己酉選拔貢生内閣中書二級眷晚孔傳性撰

賜進士出身即福建省文林郎知縣事加一級眷晚梁與書

現大清道光三年歲次癸未九月穀旦敬立

附录

一、分时代统计表

时　　代	统计结果	
	现　　存	佚　　失
南北朝	0	0
隋	0	0
唐　五代	0	0
宋	1	0
辽	0	0
金	0	0
元	1	0
明	9	1
清	69	2
中华民国	5	0
中华人民共和国	6	0
纪年不详	4	0
总　　计	95	3

二、分类统计表

类别	统计结果	
	现存	佚失
碑碣	74	1
造像碑	0	0
摩崖题刻	0	0
名人题记	1	0
经幢	0	0
墓志铭	20	2
画像石	0	0
其他石刻	0	0
总计	95	3

索　引

一、诗咏及题名类

●现存石刻

二、记事类

●现存石刻

三、烈士碑类

四、墓志和墓志铭类

五、其他类

后 记

《三晋石刻大全·太原市古交市卷》一书填补了古交市石刻文化的空白，是古交市文化事业发展的重要成果，是保护文化遗产的重要举措。

二〇〇八年以来，古交市文物管理所对全市的石刻文化进行了全面的调查和摸底，组织力量并邀请太原市拓片方面的专家集中进行了石刻的拓片、收集，在分类酌别的基础上对碑文进行修改、断句等项工作。期间，文管所工作人员足迹遍布全市146个行政村，对全市363个自然村中的173个进行了专访调查，对唐代以来保存较完整的石刻(含寺碑、庙碑、界碑、契碑、崖刻和墓碑等)逐一进行了收集拓片，基础性工作历时7个月零16天，行程近万公里，走访当地干部群众近3000人，实际拓片380多张(其中包括单纯性的功德碑200多张)，跨越了宋、元、明、清、民国以及新中国等历史年代。先后9次进行校对，11次进行编排，对该书的小样进行了6次打印，尽管还不够完善，但也较全面地反映了古交石刻文化的主体，内容翔实，资料性强。

古交历史渊源，具有灿烂的文化，众多的古文化遗址、石窑、古寺庙、古墓葬等，展示了古交深厚的文化底蕴，我们应该十分珍惜，认真加以保护。同时，对文化遗产的保护要有新的视角、新的理念，要努力实现文化成果惠民的目标。

本书的出版过程得到了古交市委、古交市人民政府和市政协等各级领导的高度重视和大力支持，许多老同志和干部群众积极提供石刻线索，为全面收录发挥了重要作用，山西省及太原市三晋文化研究会多次给予具体的帮助指导。石刻所在地村民对做好这一工作给予了热情接待和全力支持，我们对所有关心支持文化遗产保护工作的各级各界人士一并表示感谢。由于我们自身水平不高，错误难免，恳请给予批评指正。希望《三晋石刻大全·太原市古交市卷》一书能对您认识古交、了解古交有所助益。

《三晋石刻大全·太原市古交市卷》编委会

图书在版编目（CIP）数据

三晋石刻大全．太原市古交市卷／刘泽民，李玉明总主编；李文清分册主编．—太原：三晋出版社，2011.12

ISBN 978-7-5457-0469-3

Ⅰ．①三… Ⅱ．①刘… ②李… ③李… Ⅲ．①石刻－古交市－图录 Ⅳ．K877.402

中国版本图书馆CIP数据核字（2011）第245902号

三晋石刻大全·太原市古交市卷

总 主 编： 刘泽民
执行总主编： 李玉明
本卷主编： 李文清
责任编辑： 落馥香
助理编辑： 薛勇强
责任印制： 李佳音

出 版 者： 山西出版传媒集团·三晋出版社（原山西古籍出版社）
地　　址： 太原市建设南路21号
邮　　编： 030012
电　　话： 0351－4922268（发行中心）
0351－4956036（综合办）
E－mail： sj@sxpmg.com
网　　址： http：//sjs.sxpmg.com

经 销 者： 新华书店
承 印 者： 山西臣功印刷包装有限公司

开　　本： 787mm×1092mm　1/8
印　　张： 29
字　　数： 230千字
版　　次： 2012年3月　第1版
印　　次： 2012年3月　第1次印刷
书　　号： ISBN 978－7－5457－0469－3
定　　价： 200.00元

ISBN 978-7-5457-0469-3
9 787545 704693 >

《三晋石刻大全》